新媒体电商系列教材

直播运营

ZHIBO YUNYING

方政 主编

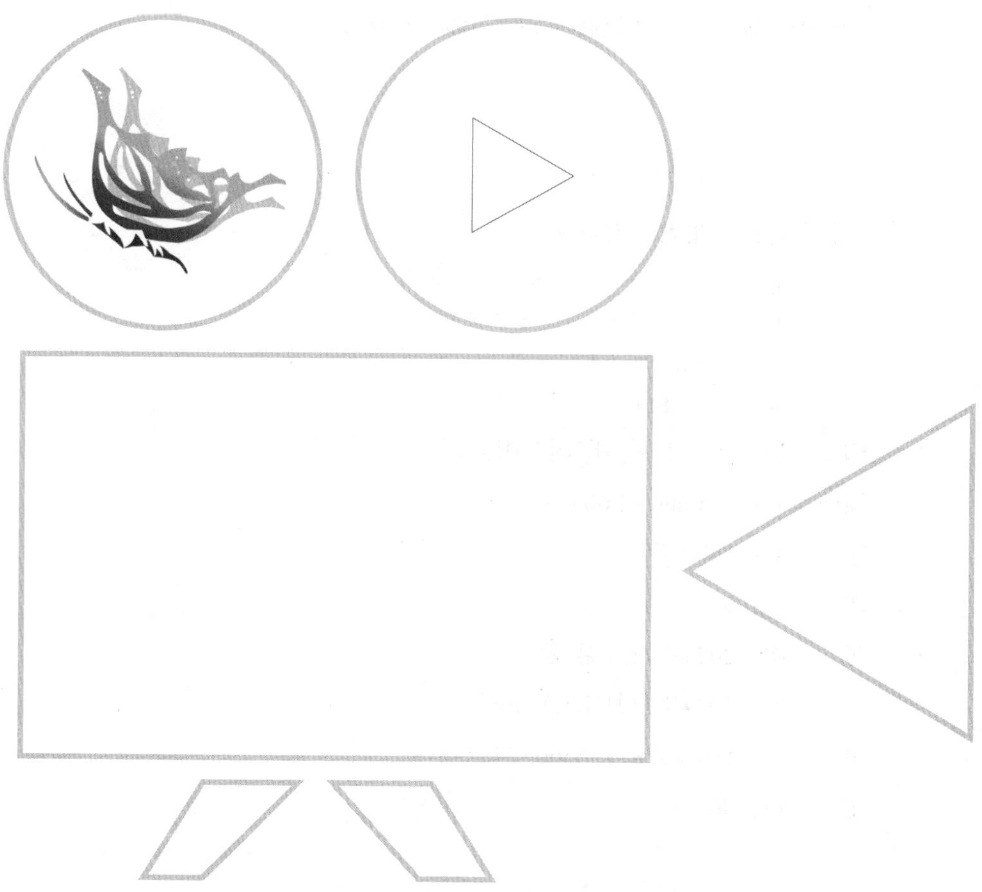

河北大学出版社
·保定·

出 版 人：刘相美
责任编辑：冯博楠
装帧设计：赵 谦
责任校对：蔡文涛
责任印制：常 凯

图书在版编目（CIP）数据

直播运营 / 方政主编. -- 保定 ：河北大学出版社，2024. 11. -- ISBN 978-7-5666-2488-8

Ⅰ. F713.365.2

中国国家版本馆 CIP 数据核字第 2024WD0424 号

出版发行：河北大学出版社

地址：河北省保定市七一东路2666号 邮编：071000

电话：0312-5073003 0312-5073029

网址：www.hbdxcbs.com

邮箱：hbdxcbs818@163.com

印 刷：保定市文昌印刷有限公司

幅面尺寸：185 mm × 260 mm

字 数：160千字

印 张：9

版 次：2024年11月第1版

印 次：2024年11月第1次印刷

书 号：ISBN 978-7-5666-2488-8

定 价：46.00 元

如发现印装质量问题，影响阅读，请与本社联系。

电话：0312-5073023

编　委　会

主　编： 方　政

副主编： 杜澳华　张鹏刚　巩向玮　仇利克　唐　乐
李红霞　刘鑫蕤　夏莉莉

编　委： 张俊杰　孙　辉　付云霄　郑云霄　王海松
武玉环　杜敏龙　方　姣　李法涛　周姗姗
闫静雯　夏莉莉　马传宝　程　鹏　宋　琛
张　航　赵　杰

参编单位：

清华大学

青岛大学

青岛科技大学

河北水利电力学院

山东外贸职业学院

山东轻工职业学院

沧州师范学院

沧州职业技术学院

万港职业培训学校

青岛市广播电视台

青岛市报业集团

青岛市网商协会

青岛市直播电商协会

青岛萱芷会企业管理有限公司

青岛海九传媒集团有限公司

山东东央建设集团有限公司

河北万港商业集团有限公司

前　言

在“互联网＋”背景下，中国电子商务迅猛发展，对经济增长的重要性日益凸显。

目前，中国经济正处于产业结构转型升级的关键时期，电商企业作为带动中国经济产业结构转型升级的重要力量，其重要作用不言而喻。在如今直播电商盛行的时代，电商企业及相关从业者亟待深入了解并学习电商运营知识，从而在电商直播行业中立于不败之地。

本书从电商从业者自身需求的角度出发，围绕电商直播人、货、场三要素展开讲解，深度阐述了直播电商的整个运营流程。本书共分为十二章，分别从主播能力塑造到选品的方法再到平台的选择、直播间的布置及直播技巧的阐述等方面进行剖析，并结合真实案例的分析，让从业者真正掌握直播运营的相关技巧。

本书通过翔实的理论知识，结合分析电商行业成功案例经验及失败案例的教训，旨在为相关从业者提供一些理论性的指导和实践操作建议。由于编书时间仓促，作者水平有限，书中难免存在疏漏和不足之处，望读者批评指正。

编者

2024 年 5 月

前 言

目　　录

亲爱的读者朋友：

感谢您选择《直播运营》这本书，为了帮助您更深入地理解和实践书中的知识，我们特别在网易云课堂上开设了实操视频课程。

扫描下方二维码，即可直达课程页面，享受丰富的视频教学资源。在这里，您将通过生动的案例分析、实操演示，以及讲师的详细讲解，全面掌握直播运营的精髓。

让我们携手共进，在新媒体电商的浪潮中，共创辉煌！

http://m.study.163.com/provider/480000002309912/index.htm?share=2&shareId=480000002309912

第一章　直播电商为什么那么火

从根本上说，现在的人们拿着手机观看直播，跟过去的人坐在电视机前看电视节目区别不大。随着越来越多的人开始关注直播，就连许知远这样的“文艺中年”也开始走入直播间“卖艺”。2019 年年末，许知远与网红主播联手，推荐其单向空间书店的“单向历”。这就是潮流的力量，从来不以人的意志为转移。

第一节　直播电商的概念

所谓直播电商就是以直播平台为载体，在现场随着事件的发生和发展进程进行录制播出的一种电商方式。直播电商能够迅速提高产品销量，并在短时间内快速扩大企业品牌知名度。直播电商能够瞬间吸引用户的注意力，因此直播电商现已成为深受观众欢迎的产品电商方式。

除了常见的直播平台，现如今已有较多的电商平台开通了直播功能，比如聚美优品和淘宝，而美拍等直播平台则是通过口碑来引导用户到淘宝店铺购买。与传统视频相比，直播能获得更高的转化率。

现在越来越多的网红和明星也开始进行产品电商直播，他们通过这种方式为企业和品牌带货，并且还能通过直播平台与粉丝互动，增加黏合性。这些网红和明星大多在直播中直接推介和销售产品或以隐形植入的方式来对产品进行电商推广。

相关统计数据显示，2016 年全年，对高清晰度依赖较强的游戏直播在直播宽带中占比最大，最大黑马则是秀场直播，其宽带占比从 2.9%提高至 16%，可谓异军突起。

此外，之前带宽占比一直较低的媒体直播，借助奥运会的热点得以实现宽带占比的增长。同时，2016 年其他类型直播的带宽占比增长态势也很明显，其中就有刚刚火起来的旅行直播、电商直播等专门领域的直播形式。

直播平台多样化的商业模式现已初见成效，过去以打赏为主要收入的直播平台，开始逐步利用直播这一流量入口渗透进各种业态。时至 2020 年，直播已成为各个行业的标配，各行各业纷纷进入直播领域。

2020 年 2 月，《2019—2020 年中国在线直播行业研究报告》显示，2019 年中国在线直播行业用户规模已增长至 5.04 亿人，增长率为 10.6%；预计 2020 年在线直播行业用户规模达 5.26 亿人。

2019 年，VR、AI 等技术带动在线直播行业发展，“直播＋”的产品与内容创新不断显现，其中“直播＋电商”迎来了高速发展的风口。2019 年，熊猫直播关闭，快手、抖音等短视频平台增加直播业务，在线直播行业竞争更加激烈。而技术的革新，如 5G 网络的到来，为在线直播行业的发展带来巨大的机遇。在线直播平台应顺应发展趋势，加强技术布局，创造更多优质内容，赢得竞争优势。

2020 年 3 月，淘宝直播发布了《2020 淘宝直播新经济报告》。该报告显示，2019 年淘宝直播用户数量达到 4 亿，全年 GMV 突破 2000 亿（GMV＝销售额＋拒收订单金额＋退货订单金额＋取消订单金额）；其中“双 11”当天直播 GMV 突破 200 亿，177 位主播年度 GMV 破亿。

报告指出，2019 年直播电商爆发，进入真正的电商直播元年。其中，淘宝直播带动的成交额已连续三年增速超过 150％。截至 2019 年末，消费者每天在淘宝直播上观看的内容时长达 35 万个小时，淘宝直播间覆盖了全球 73 个国家。

在主播及用户方面，2019 年淘宝直播有超八成的主播分布在 80、90 后年龄段，超过 65％的主播是女性；淘宝直播的用户则既有城镇青年，也有二三线职场人士。

直播其实和过去的电视节目类似，属于陪伴式的娱乐，观众的依存度较高。在不久的将来，直播与各种业态之间的相互交融会是一种常态化的趋势。一方面，直播平台必须通过加强和其他业态的结合，才能持续更新内容，丰富观众的体验；另一方面，其他行业也需要利用直播这一方式，充实观众的体验，拓宽销售渠道，从而使其商业模式尽快变现。如直播＋抖音平台表现出赋能效应和渗透效应。各行各业都在寻求与直播相结合的发展思路，抖音平台通过赋能房地产、汽车、文游、教育等产业，满足了社会需要的创造性活动，彰显了社会价值。

第二节　直播电商的特征

与传统互联网传播方式相比，直播电商具有三个显著特征。

一、互动性

由于网络直播具有双向性特征，不仅可以从主播端传至观众端，也可以从观众端传至主播端，这就实现了观众和主播的即时沟通，双方哪怕相隔千万里，彼此也能在直播过程中随心所欲地谈天说地。

二、真实性

由于直播既不能重来也不能剪辑，主播呈现的是什么，观众看到的就是什么，所以直播最大程度地压缩了观众和主播之间的时空界限。这使得直播成为一个完全真实的过程。

三、低成本

与传统传播形式相比，直播的成本要低很多，一方面直播不需要付费获得会员身份，也不需要付费下载软件，只需要一部连接网络的手机或电脑就可以从事直播工作或是观看直播表演。另一方面，因为观看直播的观众所在乎的是互动与真实，他们愿意以降低内容质量要求作为交换代价，所以直播并不需要斥巨资去请“大咖”。

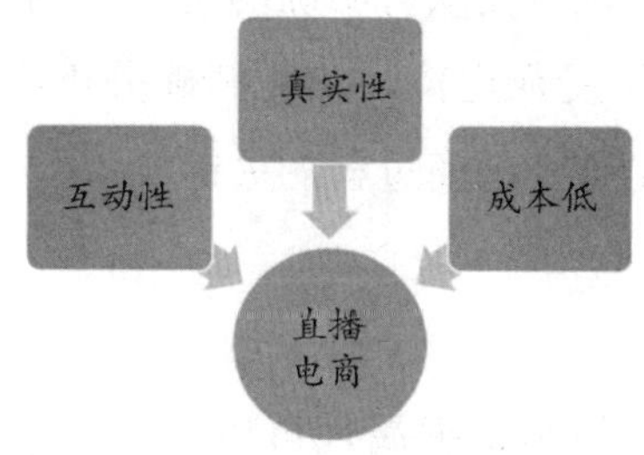

正是由于直播本身的种种特性，使得直播的发展不仅成就了个体，同时也吸引了企业的参与，例如我们经常看到的苹果手机发布会、小米手机发布会、淘宝“双 11”嘉年华……在中国的各大盛事上，都能捕捉到企业直播的踪迹，这无疑给予了其他企业一个重要信号，网络直播早已成为产品电商的必需步骤，企业直播电商已是大势所趋。

第三节　直播电商的流程

现在企业做视频直播是比较常见的事情，有一些企业通过直播获得了很多的订单，还有一些企业在举办大型活动时使用了视频直播，让企业的影响力传播得更为深远。

企业到底要怎么做直播电商?

直播电商从准备到实施大致可以分为八个流程。

一、调研细分市场

直播电商是向大众推销品牌或者产品，所以在推销之前，一定要深入了解用户需要及市场情况，只有了解这两点才能避开市场同质化的竞争，精准击中用户的痛点，所以直播电商需要调研先行。

二、分析项目优缺点

在做直播电商之前，一定要客观分析自身的优缺点，从技术基础、人员设备以及资金、人脉等方面进行详细评价。

三、定位市场受众

在启动直播电商之前，必须对受众有明确的定位，例如某款唇膏的受众是15岁到25岁的年轻女性。只有明确了受众定位，才能精确分析出：他们喜欢什么、能承受的价格一般是多少。确定受众是整个电商过程的关键。

四、选择直播平台

直播平台虽然各种各样，但是根据属性可以分为几个不同的领域。有的平台适合做美妆类产品的直播电商，有的平台适合做游戏类产品的直播电商，有的平台适合做服装产品的直播电商，只有选择对了才能取得良好的效果。

五、设计直播方案

主播请谁来当？怎么写脚本？直播时用单一镜头还是多机位直播都需要提前确定与安排，只有提前做好了方案，直播电商流程才能有条不紊地进行。

六、开展宣传推广

要广泛传播直播的信息，让更多的人知晓并参与。

七、获取流量变现

流量变现是直播最为重要的一步，直播的最终目的都是为了完成变现，为了达到这一目的，不可忽视任何一个环节，所以一定要使变现通道顺畅，并且给用户更多、更明确的提示，这会有利于快速变现。

八、复盘总结

电商最直观的数据依然是转化率，要了解已经完成的直播的效果，一定要及时通过数据反馈调整优化电商方案，只有不断在复盘中修改，才能实现更高的转化率。

第二章　直播电商团队构建

随着直播带货越来越火爆，一场好的直播并非靠主播一个人就能完成，更要靠直播团队和供应链的共同努力。一个完整高效的直播团队尤其重要，下面就直播工作内容划分及团队的构建进行详细阐述。

一场好的直播，想让粉丝跟上你的节奏，需要进行预先的策划、充分的协调及顺畅的演绎实施才能达到完美的效果。

直播内容划分		
策划	协调	实施

通常情况下，直播工作内容划分为三部分：策划、协调和实施。策划的工作内容包含主题的确定，脚本和福利的规划，需要根据主题去确定产品、开播时间、持续的时长，还要针对不同的粉丝属性和分层去制定不同的福利方案。协调除了负责节奏、场控、突发问题外，还要负责公司内部其他部门工作上的沟通和配合。实施就是执行，需要去把整个方案执行落地，需要去跟粉丝进行互动，还要去树立店铺和个人的 IP 形象。

一般说来，一支完整的直播电商团队由运营人员、场控人员、主播及助理这三个岗位构成。

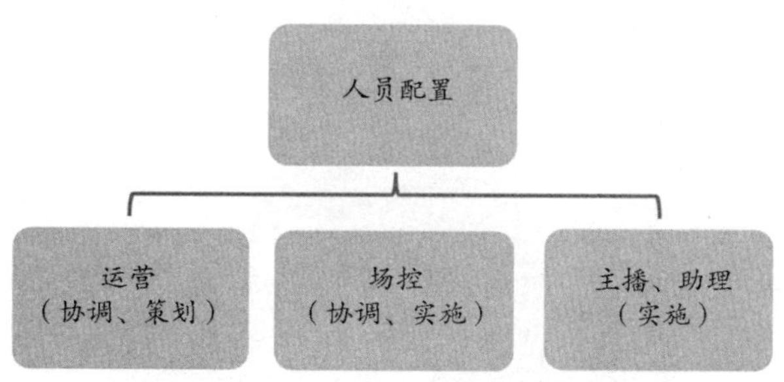

第一节　直播运营人员职责

直播运营主要负责策划直播内容，协调直播团队和其他部门工作。

一、内容策划

直播运营需要去规划直播的内容，确定直播的主题，判断是日常直播还是官方活动直播，并根据主题去匹配货品和利益点，还要规划好开播的时间段、直播的内容预估流量和流量的来源。

二、团队协调

团队协调包括外部协调和内部协调。外部协调包括对封面图的拍摄、设计制图、产品抽样、奖品发放、仓库部门的协调等。内部协调包含协调直播人员的关系情绪、直播时间以及直播期间出现的问题等。

三、复盘提升

复盘是在工作执行完成以后，先要根据部门人员配合的表现再加上消费者数据上的反馈，针对前期制定的方案和目标进行详细的数据复盘总结经验，为下一次直播做好准备。

第二节　直播场控人员职责

直播场控人员主要职责是执行运营的策划方案，在运营和主播之间进行协调。

场控人员需要在开播前进行相关的软、硬件的调试；在开播后负责好中控台所有相关的后台操作，包括直播推送、公告、上架商品等；还有数据监测，包括实时在线人数峰值、商品点击率等，有异常情况要反馈给直播运营；最后是指令的接收及传达，比如说直播运营有传达的信息，场控人员就要传达给主播和助理，让她们去告诉观众和消费者。

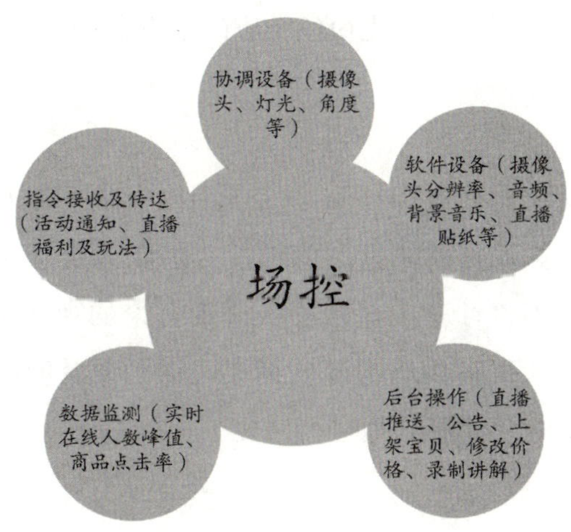

直播间场控人员对于主播来讲是非常重要的，主要任务是协助主播把控直播间氛围，引导粉丝互动，处理突发状况等，对主播直播节奏有直接影响，一般由主播的对接运营人员或“大粉丝”来担任。

直播间场控的主要作用就是活跃直播间气氛和粉丝互动，同时在整个过程中弱化自己突出粉丝。

一、调节气氛

主播直播间氛围的好坏直接影响粉丝的观看情绪，也会影响主播推荐的效果，优质的直播间，粉丝互动气氛浓厚，在直播间停留时间长，留存率高，同时直播间的人气也会越来越高，从而越发展越好。场控人员在主播直播期间的主要工作就是调节直播间气氛，带动粉丝积极性，配合主播节奏。主播在直播间表演节目，场控在弹幕里面引导粉丝展开话题讨论，制造话题等都是比较好的调节氛围的方式，切记所有的话题最后一定要正向引导，防止舆论失控，导致翻车事故。

二、粉丝陪伴

在主播直播过程中，场控人员需要在气氛调节中突出粉丝，陪伴粉丝互动。对于高质量的粉丝团，需要做到进场欢迎，离场欢送，提醒主播及时互动，并且适时地给粉丝送一些热场礼物。场控在直播过程中一定不要盖过粉丝的风头，既不要让粉丝互动话题落地也不要抢话题，要衬托粉丝，弱化自己的存在感，包括弱化自己在房间的存在感以及榜单的存在感，不要做激化粉丝矛盾的不符合场控目标的事。

三、秩序维持

由于直播间言论自由，粉丝可以任意发言，所以常常会遇到在高人气直播间打商业广告、挖人、带节奏等影响直播间氛围的情况。场控人员应及时清理乱打广告、辱骂粉丝和主播、随意发表不符社会主义核心价值观言论的观众。当然也会遇到一些商业合作或优质粉丝需要主播下直播后沟通的情况，场控要及时地关注并记录防止丢失联系方式，以便于主播后续快速高效地进行回复。

四、直播复盘

场控人员在主播直播过程中的协助与记录有利于后续直播复盘，对直播中存在的问题及时改进，优化直播流程，丰富直播内容。

五、注意事项

场控人员在直播间工作的时候也是以粉丝的身份在管理，所以有时会出现迷失自我的现象，会忘记自己的场控身份失去管理意识，造成严重后果。对此要记住以下几点：

1. 切忌盲目带队，盲目跟风，忘记辅助管理身份，盖过粉丝风头；

2. 对主播负责，场控在直播间就是主播代表，场控人员的不当言语会直接影响主播的人气，给主播带来巨大收益损失；

3. 场控人员需要对公司负责，要在合理的预算范围内给主播做到最大的宣传，不成熟的方案会给公司带来巨大损失。

第三节　主播及助理职责

主播和助理是直播的终端执行方，他们的工作内容是展示产品并和观众进行互动，这里要补充的一点是执行方除了在执行工作以外，还要有一个反馈动作，因为所有的工作执行完了以后必须做一个复盘，这样才能达到一个二次优化和提升的效果。

一、直播助理岗位职责

这个岗位比较偏向辅助性。开播前需要确认货品、样品以及道具是否准备就绪。直播进行过程中要配合场控去协调主播，辅助主播在观看人数比较多的时候进行互动答疑、商品讲解以及货品整理等工作。

二、主播岗位职责

在开播前，主播要把整场直播的节奏、产品特性、脚本、利益点等做到最大程度地熟悉，只有这样在开播之后对产品的介绍才能达到相对流畅的水平，个人转化能力才能提升。在直播进行的过程中，主播需要注意活跃直播间的气氛，做好对粉丝的答疑和互动工作，还需要引导新粉关注其直播间，时刻注意自己在镜头前的表现。下播之后，主播还可以在店铺的其他渠道进行宣传，这同样也是很重要的，比如店铺主图、店铺首页海报、店铺群等渠道。主播需要去提升个人的曝光度，增强个人形象的 IP 塑造，这样可以有效增加粉丝的黏性。

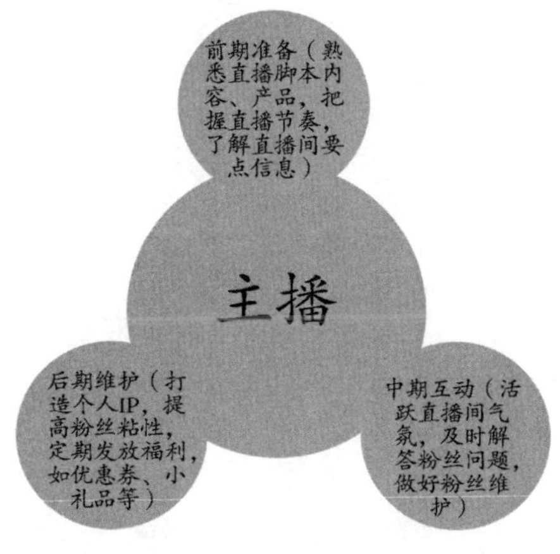

第三章　主播养成记

深入探讨直播带货的核心——主播的培养路径。聚焦主播的角色定位；解析主播必备的基本能力塑造；着重于主播营销能力的培育，助力主播从青涩走向专业，成就带货达人。

第一节 直播带货中的“人”——主播

电视时代的电视购物，4G 网络时代的网红带货，5G 网络时代的场景直播，参与者为买方和卖方，货物主要是具体的卖方的产品，场景大多固定在卖方的门店。新旧商业模式的核心都是“人、货、场”。

直播带货的三要素是“人、货、场”。直播电商实现了“人、货、场”关系的重构，依靠 KOL 紧密连接了消费者与商家。直播电商能够为消费者提供更为直观的现场体验和社交属性的即时互动；KOL 主播及团队凭借专业能力帮助用户选品，凭借粉丝流量优势向品牌商获取低价优惠，并依托粉丝互动、限量秒杀等方法，激发消费者的购物欲望并引导迅速下单。

直播电商为商家提供了更为直接、高效的商品信息触达渠道，极大地减少了中间环节和运营成本。直播带货的商业模式主要涉及主播、粉丝（观众）以及品牌商家三方。直播观众一方面在享受直播内容的同时会对主播进行一定金额的自愿打赏（音浪），另一方面则通过购买品牌方产品，为主播带来佣金收入。在主播获得音浪或佣金收入的同时，品牌主通过主播推荐不仅打开了产品的销量，也进一步打造了品牌。

随着互联网的快速发展，从 4G 网络到 5G 网络，从互联网到物联网，从机器时代到人工智能时代等，都是由人来改变的运用。直播带货先有人创造直播平台，进行直播，进而演变直播带货的新销售形式。无论是商家、平台还是产品都需要人来实现完成。

一场直播，最先让观众看到的是谁？是主播，而主播形象的好坏，就像短视频直播封面一样，直接影响着观众是否愿意因为你而进入直播间。所以，拥有一个优秀的主播很重要。

第二节　主播基本能力塑造

一、形象

清秀颜值和绝妙身材是一个主播的天然优势，尤其是美妆、服装等时尚类主播，对形象方面的要求还是很有必要的。当然主播不可能每个人都长得美若天仙，也不可能每个人身材都无可挑剔。一个专业主播最基本的素养是应该懂得如何修饰自己的五官，让自己的五官在摄像头下立体有型。女主播需要着淡妆、服饰整洁。男主播应该做到基本的刮胡子、发型利落、衣着整洁。这是在直播中留给观众的第一印象。

此外，妆容需要与直播的类型相呼应。对于不同类别的主播，在形象上应该有各自的侧重点。美妆类主播应在妆容上下功夫，尽量完成全脸妆容进行直播；家具类主播则应该让自己更加具有亲和力；服饰类主播自身的着装应该与其服饰主题相匹配，穿具有一定时尚品位的服饰进行直播；3C 电子类主播的穿着打扮则需要凸显专业化；美容类主播应该有干净的妆容，还可以根据特殊需要，对于妆容进行部分变化；美食类主播需要干净利落，穿着要有自身的特色并且延续下去；金融类主播需要显示出其专业水平，等等。

二、态度

做任何事情，态度是第一。作为电商主播，心态的稳重是慢慢积累的，一个主播的成长过程必然要经历学习、磨合、成熟、沉淀的阶段性过渡。主播在摆正心态的同时，也要学会理性地分析。

1. 亲和力

在直播时，主播对于观看的用户需要保持亲和力。这样才能引导粉丝的发言、互动，带动直播间氛围。

2. 自信

自信的人最有魅力。主播在直播时要保持自信，面带微笑，提升自己的气质。

3. 展现自己

主播在镜头前需要勇于展现自己，进入一个投入的“表演”状态，调动观众的积极性。在镜头前展现自己最美好的一面，当然也可以时不时露出点小伤感什么的，这样可以引发粉丝共情。观众看着会觉得更加真实、亲切、洒脱、舒适、接地气。

三、表达力

一个主播需要具备清晰流畅的口头表达能力。普通话标准，声音悦耳，表达准确、生动，能清晰地描述直播产品的特性。只有高超的语言表达能力才能提高人气，从而让观众给你刷礼物、下单。

四、节奏把控和应变能力

对直播中的进度，该做什么，该说什么，都需要由主播来把控，而不是由粉丝和商家引导。如果没有节奏把控能力，那么直播的目的和进度就会被带偏。而没有良好的应变能力来应对直播间的各种突发情况，则容易让直播间陷入尬聊或者冷落粉丝的问题。

五、熟悉产品

主播需要明确产品的基本属性。在直播中，不仅要了解自己的商品，还要能够解说自己的商品，商品的功能性才是客户所关注的重点。所以在直播前，尽可能地做好前期准备，整理好产品的特性、卖点，针对粉丝有可能提出的问题，做好预案。此外，主播需要了解 1 至 2 个同类产品及其属性与特质，从中分析出本产品的优势，以便对比介绍。

第三节 主播营销能力塑造

一个主播需要熟练掌握销售技巧，了解客户心态，这会直接影响直播间带货的成交率。

一、客户心态

带货主播一定要了解客户的需求，把握客户心理。知彼知己，才能百战不殆。

1. 从众心理

人，是一种社会动物，很需要安全感。从众，就是跟大家在一起，跟大家选的一样，这会极大地满足人的心理需要。很多主播在销售产品时，利用这一心理，屡试不爽。

2. 塑造专家形象

很多人在下重要决定的时候，都愿意参考专家的意见。所以让用户相信你的专业水平，更容易卖出产品。

3. 明星效应

明星效应的核心是粉丝自我实现心理的呈现，主播合理借助明星效应可以让营销活动事半功倍。

4. 自用款

“自用”的背后，是敢于压上自己的信用给产品担保，敢于拿出自己的皮肤健康给产品担保，更重要的是在表明“你也是这个产品的使用者”的身份之后，接下来的描述，观众更容易把主播看作“自己人”，同为消费者，更容易相信主播的描述。

二、营销技巧

1. 趣味实验展示

趣味实验，除了直观地表现产品核心卖点之外，还有就是本身的趣味性会让直播间变得活跃，让直播变得好看、有趣，黏住用户。用户停留的时间越长，越有可能产生消费。

2. 讲故事作类比

会讲故事，做类比，讲场景，可以让你的语言更加有穿透力。人人都爱听故事，销售讲故事，客户不会觉得像直接推销，更容易接受。销售的故事讲得好不好，客户愿不愿意听，很重要，但更重要的是故事内容要和推进销售有关，要和你正在推荐的产品的核心卖点有关。

3. 放大价格优势

主播都喜欢卖价格有优势的产品。为什么？好卖啊！但并不是所有人都清楚地知道，价格的“低”，是“比”出来的。善于给你的产品选一个参照物，可以放大你的价格优势。

4. 把控销售节奏

人为控制销售的节奏，既可以营造火爆销售的场面，还调动了用户“抢”的心态。

第四章　主播类型定位

做直播电商，主播的选择尤为重要。由企业官方来主播和由明星、网络红人等来主播，所传达的信息是截然不同的，产生的效果自然也有很大区别。

第一节　企业官方直播：发布正式、专业信息

企业通过发布会为自己的产品做推广早已有之，并不罕见。但目前大部分企业的产品发布会由于其形式单一，缺乏与受众的有效互动而沦为走过场的形式主义。

近年来，以手机厂商为代表的企业，纷纷通过直播平台发布新品，打破了大多数产品发布会沉闷的格局，不但能让观众对企业的发布会产生眼前一亮的感觉，更能让企业在与观众的互动中为自己新产品的后续宣传打开良好局面。

2016 年 5 月 10 日，小米公司在北京国家会议中心召开夏季新品发布会，重点推出了小米历史上的最大屏手机：6.44 英寸的小米 Max。小米 Max 配备有超大机身，可内置一块 4850 mAh 的电池，除了大屏，小米 Max 还主打“待机时间长”，为了证明小米 Max 具有超长待机时间，发布会结束后，小米公司在 Bilibili（视频网站，简称“B 站”）开启了一场旨在突出小米 Max 超长持久续航能力的“小米 Max 超耐久无聊待机直播”活动。

直播开始时，小米 Max 手机被装好 SIM 卡，开启 4G 网络模式，开机设置成待机状态（不运行任何功能）放在桌上。这种状态将一直持续到手机电量耗尽，自动关机。也就是说，这是一场内容不定、时间不定、不分白天黑夜连续进行的创新性实时直播。

直播过程中，不定时地有各路“二次元”达人作为嘉宾出现（二次元指的是动漫圈，也指人们幻想出来的美好世界——编者注），做客聊天。工作人员随意选唱歌曲、漫无目的地聊天、临时起意地掰手腕、发呆、吃饭、画画、打游戏、扎帐篷睡……简直可以用包罗万象来形容。有时直播画面中甚至空无一人，只留下直播间凌乱的现场和墙上“我们也不知道这次直播什么时候结束”等字样。

一些网民认为小米的这次直播“非常无聊”，而另一些人却认为，小米能坚持直播是件很厉害的事情。一位网友说：“虽然没什么意思，但我每天都看。”

截至第 11 天，这场直播已经吸引了超过 2000 万观众，并且观众数量仍在增加，观众通过发送大量的弹幕表达自己对这次直播和小米 Max 的各种情绪、看法。

到直播进行到第 13 天的时候，对于设置在 B 站办公室进出通道的直播摄像头，工作人员已经能做到“熟视无睹”，可以非常自然地从它前面走过去。

直播绝大部分时间仍被无聊占据着。为了制造情节，驱赶无聊，工作人员想出各

种人方法，他们把肯德基的纸袋挖了两个洞制成头套，倒扣下来请嘉宾戴上；他们让嘉宾直接上去把正在唱歌的主持人推下来……

纵是如此冗长又无聊的直播，却还是有很多人在看。据统计，该直播每天吸引超过 200 万独立访客参与，在日常流量较高的时段，同时在线人数通常都超过 10 万，即使在夜里一两点，也会有 1 万多人在线观看。

小米在直播的过程中，还会时不时地从参与互动的观众中抽出幸运儿，送出小米 Max 手机，被刷爆的弹幕基本上都是关于小米 Max 的。

5 月 31 日，这场“旷日持久”的无聊直播终于宣告结束。31 日上午，小米手机官方微博宣布小米 Max 全程待机 17 天 21 小时，弹幕讨论总条数突破 3.17 亿，独立访客接近 3000 万，共送出 2238 部手机。

关键问题来了：这次直播到底为小米 Max 的销量带来了什么？

让我们来分析一组数据：5 月 17 日上午 10 时，在小米 Max 的首轮开放购买中，首批供货的 10 万部手机在几分钟内销售一空，预约量远超过 1500 万；开卖以后的两个月内，销量突破 150 万部。

也许会有人认为两个月 150 万部的销量并不算大，但是据了解，6 英寸以上的大屏手机卖到这个量是从未有过的情况。之前同类产品的全年最好销量也只是 30 万部。对比之下，小米 Max 销售成绩不可思议。

也许直到这时，我们才看到小米 Max 这场直播的真正价值，它不只是一场超长、无聊的直播，它的意义重大，给小米 Max 带来了巨大销量，使其获得巨大利润。虽然还有直播中抽奖送手机、预定小米手机活动期间每两小时送一部手机以及其他方面的一些成本，但这次直播活动的后期收益无疑要大得多。

小米的这次直播电商确实非常成功，不仅销量惊人，而且使之前一些关于小米的负面言论不攻自破。更多的人通过这个直播了解了小米 Max，甚至是小米公司。

小米公司的此次直播，其创新之处恰恰在于直播的超长性。新媒体发展繁荣的今天，直播已经不再是什么新鲜字眼，但是一场具体内容未知，限期未知的超长直播却会对人们具有很大的吸引力。普通的、时间有限的直播，绝对不会引来将近 4000 万人次的围观，也不会具有那么大的宣传作用。

此次直播的宣传对象极为明确，选择了较为合适的直播平台 B 站进行直播。B 站作为知名网站，拥有庞大的年轻人资源，75%的用户年龄都在 24 岁以下，男女比例相对均衡。这些群体正是小米的主要宣传对象。选择 B 站作为直播平台以挖掘大量潜在客户，这是小米公司这次直播电商成功的又一高明之处。

比如2020年4月1日晚上，罗永浩在抖音的直播带货。虽然他对所带的货完全不了解，对怎么来带货也一窍不通，但一场3小时的直播还是交出了亮眼成绩。这是粉丝在为“老罗”埋单。当然，如果持续输出枯燥干瘪的内容，这也会反过来让“大咖”为此埋单，承担粉丝流失的后果。

另一个值得一提的就是众泰新车的发布。2016年9月17日，华磊众泰4S店举行了盛大的“你就是豪门众泰Z700”发布会。主办方不但在现场进行了品红酒、百万大抽奖等活动。而且还别具创意地邀请国内知名企业直播平台“了直播”对本次发布会进行了全程直播。最终活动不光得到了到场众泰新老客户的热烈响应，而且还受到了广大网友的关注。不少观众在为华磊众泰新品发布会点赞，并纷纷表达了自己对众泰汽车的喜爱之情。

从众泰发布新车的案例中，我们可以明显地感受到企业在直播平台上开发布会要更为随性，其选址不再局限在会场，直播平台的发布形式也更为丰富和生动。

企业借助直播平台专业化的能力对产品的发布会进行直播，相较于单纯的产品发布形式综合来看主要具有五点优势。

一、降低电商成本

就上述的众泰新车发布会来说，这场新车发布会的实际到场嘉宾只有100人左右，而网络观看人数却超过了7万人次。假设本场发布会需花费10万元，那么花费在现场的每个人身上平均的成本就是1000元，然而通过直播，实际上最终在每个人身上的成本平均仅为1块多。

通过直播花小钱办大事，这对于对成本一向敏感的企业来说，无疑是一笔极为划算的交易。

二、打破时空限制

能够到现场观看产品发布会的观众毕竟有限，而通过直播，企业能够让更多因种种原因不能来到发布会现场的观众可以同步了解活动的进展。即便当时因工作等原因错过了直播，观众也可以通过直播平台的回放功能重温发布会的盛况。

三、满足个性化宣传需求

直播形式的灵活性能满足企业对产品发布形式的个性化需求。目前一些面向B端（企业端）的第三方直播平台不但可以做到发布会直播过程高清、不卡顿、移动化，而且还开通了网上支付等功能，观众在观看发布会直播的过程中可以随时下单，这无疑会大大提升企业发布会的变现能力。

四、扩大发布会影响力

直播企业发布会，为扩散企业影响力提供了多种渠道。例如企业的宣传推广人员可以把企业直播间的相关链接一键分享至自己的微信朋友圈、公司官网、品牌公众号、企业官微等。只要点开链接，观众就能同步观看并了解发布会的进展，而且在观看过程中还可以和会场人员实时互动，这就在无形中拓展了发布会的传播范围，使更多的人关注到企业的新产品。

五、让评估更精确

直播发布会结束后，企业可以评估和分析直播过程中的数据与效果，能帮助企业研判发布会的得失以及产品的改进。数据不但使过去看不见、摸不着的电商效果变得直观可读，而且还有助于企业科学地制定后续的产品迭代与销售计划。对于想要进行产品发布直播的企业来说，需要特别注意的是：以往的新品发布会，主办方可以邀请媒体为自己进行间接的宣传和二次包装，而直播平台的发布完全取决于人气。实际上，并不是每一个品牌都拥有雷军这样可以聚集人气的大佬，这就要求发布直播具备一定的话题性。在魅族的一场新品发布会上，主办方就特意邀请了 23 位美女主播为发布会造势，创造了品牌手机发布会网络红人直播人数最多纪录，同时也制造了关注点。

企业将产品发布会搬到直播平台，其意义不仅在于改变了发布会的传播路径，更重要的一点在于企业将发布会的沟通渠道直接打通。从此以后发布会将不再是企业一方的独角戏，而是观众和企业的交谊舞。

第二节　明星直播：粉丝效应打造爆款

回顾 2019 年的品牌电商，明星直播必然是焦点。在这一年中，见证了直播带货的力量，各路明星也成为各个直播间的常客。

直播电商之所以能呈现火爆的状态，原因之一是其拥有庞大的用户基数及变现模式。2019 年 3 月 30 日，在淘宝举行的直播盛典上，淘宝官方公布了一组数据：2018

年淘宝直播平台带货超千亿，同比增速近400%，创造了一个全新的千亿级增量市场。这震撼的数据必然使淘宝直播成为一个香饽饽，也使得各路明星纷纷入驻。

在淘宝直播中，消费者可以自由选择喜欢的明星直播间。淘宝在2019年1月份直播策划了明星周，把高露、刘璇、蒋梦婕、苏青、赖雨濛等当红明星请入淘宝直播间。随后李湘、汪涵、王祖蓝、谢霆锋等也开始在淘宝和快手进行直播首秀。明星直播带货，多数赢得了不俗的销售战绩，这使得直播以更快的速度传播开来。

明星带货之所以火爆，是基于明星巨大流量以及公众对明星的信任。相比于传统主播与网络红人，明星本身就拥有众多的粉丝，这也使得其具有强大的号召力，他们自身携带的流量就能在短时间内迅速集聚人气。这是明星投身直播电商的优势所在。

在直播间里，明星带货并不仅是为产品宣传，还有互动环节、访谈环节，甚至还有明星砍价。

明星进行直播电商时，最合适的产品应该是服饰以及美妆类产品，因为对于这类产品，明星自身便是一块招牌，能容易被粉丝接受。并且也有许多粉丝相信，明星不会为了一些并不好的产品代言，明星同样担心某款产品不好，对自己的人气造成负面影响。

对于企业来说，邀请明星直播需要有选择性。例如有品牌方邀请王祖蓝在快手直播，12分钟内，卖出了10万份面膜。但是，也有品牌方在与他合作时，直播观看量高达42万，但成交量却仅仅64盒干粉。为什么观看直播的用户那么多，销量却如此低呢？原因即在于信任，消费者会产生疑问，王祖蓝会用干粉吗？他需要用到吗？当消费者产生疑问时，便丧失了对明星的信任感，也带不动货。

李湘也是如此，在淘宝直播间直播时，曾两个小时内卖出了价值1亿的空调，然而她在卖奶粉时，成交量才77罐。可见，并不是明星带货就一定销售火爆。明星带货应该是有所选择，对于产品的选择、对明星类型的选择，等等，都是需要去仔细考虑的。

直播作为一种新兴的传播媒介，可以让不同的主体在上面任意展示，当企业携手明星在直播间中呼风唤雨时，企业对于观众来讲无形当中就拥有了明星光环，明星的粉丝就成为企业的消费者。让明星在直播间为企业宣传，让观众通过自己偶像的卖力宣传更直观地认识品牌，继而下单购买，这何尝不是一种令人兴奋的全新模式！

第三节 网红直播：流量带货

2019年，我们见识到了粉丝的消费能力，也看到了电商行业新的电商方式，即网络红人直播。主播的超强带货能力使销售量一路飙升，这种销售方式是传统的电商模式不可比拟的。

其实网络红人主播带货并不是在2019年才兴起，早在2017年，一主播就创下了直播5小时成交7000万元的纪录。从这个数据我们可以看到，网络红人淘宝直播确实可以吸引到更多的消费者。

但也有不少人对此提出质疑：网络红人主播带货能力真的这么强吗？为何有的企业请了主播进行直播电商，销量却上不去？

通过分析，我们认为带货效果跟四点因素有关。

一、把观众当作朋友

在观看直播时我们发现，带货能力强的主播往往不像一个销售或导购，而更像是一个朋友。当我们在线下走入实体店时，有一些导购员便主动一路跟着，只要消费者的眼光落在哪一件商品上，她就会喋喋不休地介绍。这给消费者造成了极大的干扰与压力，让人恨不得赶紧离开店铺。但是，如果和朋友一起走进去，当朋友说这个商品她用过，并且介绍效果时，我们几乎会不假思索地选择购买。

因为朋友是值得相信的，而导购不值得信任——他们是为了自己的业绩才卖力推荐。

好的主播在直播时，通常会将自己的使用心得体会告诉消费者，并且说出它的优点。当消费者看到和听到主播的推荐后，会像得到朋友推荐一样地下单购买。而当消费者在购买产品后，有了较好的使用体验，便会长期关注这个主播，并且不自觉地信赖其推荐的产品。

二、有推荐自用产品的习惯

带货能力强的主播一般平时也有分享产品的习惯，如果一位主播平时没有分享过自己喜欢的产品，突然让他去推荐某件产品，粉丝就会察觉出这是一场电商，会反感这位主播。网络红人主播一般是在某个特定的领域有影响力的人物，而他能分享的产品也是他所属的领域的，如果超出那个范围，就会给消费者带来不适。

这一点我们可以拿美妆主播举例，一般的美妆主播在生活中也会给粉丝推荐些比较好用的产品，在直播时推荐美妆类的产品也容易被粉丝接受。

一些主播，在微博上他们经常会分享实用的产品。在直播时，尽管他们也像导购一样有提成，但他们会以朋友的口吻推荐，这比较容易得到粉丝的信任。

三、选择适合粉丝的产品

主播确定要在直播间推销某样产品时，首先需要确定的是这类产品的消费群体。以主播分享自己的服装穿搭为例，当主播确定了要合作的商家时，需要从商家的众多服饰中挑选出符合自己粉丝心理定位的产品，而不是盲目地选品。粉丝群体能承受的价位、所喜欢的风格，都是主播需要考虑到的因素。

如果主播盲目推荐，没有亲自使用过产品，也没有对产品进行预选，只是对产品进行泛泛的介绍，很快就会失去粉丝的信任。

通过直播销售产品，粉丝拿到实物发现很好用，便有可能成为忠实粉丝；如果不好用，主播的人气也会大打折扣，进而影响到品牌。

四、推荐产品比原价便宜

一般情况下，主播介绍产品的方式有两种，一种是日常“种草”，另一种是淘宝直播活动。

日常“种草”一般是通过文章和短视频向粉丝推荐自己的使用心得的推荐方式。这种方式一般容易受到粉丝的青睐，大多粉丝都有这样的心理，即“你既然在用，必然是好的”，也有的人会追求“同款心理”。

淘宝直播是需要与商家联系，在收到产品的样品后配合商家店铺优惠进行的直播活动，比如“双 11”“女王节”等，一般在这些时候，会有相关的优惠券放送。粉丝在观看直播时，主播会在直播界面发放优惠券，或者在直播中开展“秒杀”等活动。很多粉丝看到这类活动就会不由自主地购买。直播红人直播间推荐的口红能在短短几分钟之内卖断货。

在各种直播当道的今天，想要寻找优质的主播并不难，可以根据自身品牌特色进行筛选。找准一个适合自己品牌及产品的主播，才能创下产品销量的高峰。

第四节　素人直播：布衣王者成就别样电商

除了明星和网络红人可以进行直播电商以外，素人主播也可以通过直播电商带货。直播并不是网络红人和明星的专利，素人虽然没有上镜经验，但也有其独特优势。

在这里，我们先看几个素人直播电商的案例。

一、京东员工直播电商

在京东的直播平台上，最近出现一些不按常理出牌的主播，他们与普通主播不一样，他们较为冷静。这些人大多是素人，他们没有过多的肢体语言和煽动性的语气，而是以专业的知识和丰富的采购经验收获了一大批粉丝。

这些主播的胸前佩戴京东的员工卡，手里拿着京东自营产品。有不少用户对此产生疑惑：京东难道招聘了一批主播？这些主播是京东的正式员工。他们不是专职主播，而是各个品类部门负责采销工作的资深员工。

这些采销经理有着丰富的经验。他们与众不同的直播方式成为直播行业一道不一样的风景线。

京东的采销经理直播也提醒了观众，采购人员有着丰富的采购经验，非常熟悉厂商及产品，如果他们能出现在直播间，能将产品解说得更加全面与深入。

以电脑数码事业部的“NV 哥”董阔为例。他作为电脑产品知名 KOL，又是硬件达人元老，在微博和抖音等社交平台拥有众多粉丝。“NV 哥”早期在 BBS 分享高端硬件晒单和组装电脑教程的文章时便开始备受关注，并且他还成功地帮助了很多装机爱好者。他曾被英特尔、英伟达、雷神、华硕、AMD 等十余家知名厂商邀请出席新品发布会直播，累计观看人数超 150 万人次。但是他的发展局限于此，他还曾将制作的视频栏目《IT 达人秀》和《攒机攻略》在京东站内及视频网站发布，累计播放量达 700 万次。“NV 哥”以专业风趣的内容为资深用户和电脑小白“种草”电脑产品，他对行业的热爱和专业度也受到了业界的肯定。

像“NV 哥”这样的人隐藏在京东各个部门里，在“京东自营推荐官”中则有很多这样具有丰富的采购经验和知识的专业人士，无论是电脑数码还是美妆，又或者是母婴及酒水等领域，都有他们的身影。

对于采销人员而言，直播电商只是将工作场地转移到了直播现场，并借助直播平台将产品的特点与选择产品的秘诀，甚至是一些潜在的规则分享给消费者，但是对于消费者来说，这种直播方式具有较高的可信度。采销人员与网络红人的区别就是，他们没有粉丝光环，他们能做的就是倾囊相授。

京东推荐官的出现是素人直播的一大特色。他们所有的经验都来自真金白银的投入和万千产品之间的对比，他们常年在各自的领域与各大品牌接触，在走近产品线的同时还需要洞悉消费者的心理。也正因如此，他们推荐产品时虽然没有专业主播的气场，却依然备受消费者喜欢。

2019 年 7 月，京东正式宣布推出红人孵化计划，即“京东推荐官”。在这一计划中，京东投入大量资源，其中包括京东 APP 发现频道和视频直播等站内资源，以及站外流量资源，如抖音、快手、今日头条等。从这些投入就可以看出京东对此计划的支持。

2019 年 8 月 27 日，京东蒙牛超级品牌日当天，网络红人主播现场直播，在两个小时的直播过程中，仅 PUREMLKE 牛奶的销量便超过了 10 万箱。

2019 年 9 月的“99 秒杀嗨购日”，京东专门设置了达人推荐专场，目的是为消费者提供更多购物乐趣，同时也展现出京东推荐官的带货能力。数据显示，“99 秒杀嗨购日”仅用了两小时，两百多台电脑被一抢而空。这些数据均证明了京东推荐官的带货能力，也说明了这个计划的成功。

“京东推荐官”是京东基于现在的网络红人经济的布局，而“京东自营推荐官”则是京东在直播带货模式上的全新尝试。无论是哪一种，对于直播和京东都是创新。在直播的发展过程中，必然还会有类似于“京东自营推荐官”之类的新玩法出现。

二、法官直播司法拍卖

据悉，最近全国多家法院已经联合阿里拍卖开始了司法网的直播活动，在 2019 年的“双十二”期间更是创造了 1 个小时热销 1 亿的成绩。这些从未直播过的法官走入直播间，销售成绩接近网络红人。

以某法院的 A 法官为例。A 法官在阿里拍卖的一场直播中，为了让消费者能够了解标的物，亲自当起了模特，展示拍卖物。虽然他们对于直播的方法或许不如专业主播，但是其做法却让不少消费者为其点赞。

在直播的过程中，A 法官还不忘为消费者们讲解法律知识，在展示拍卖物的同时，也提高了消费者的法律知识素养。有不少消费者表示，这样别开生面的司法拍卖，更像一次普法。

随着直播的发展，法院选择网络直播拍卖其实也是顺应了社会的发展潮流。各级人民法院为了更好地实现司法为民、公正司法，纷纷开始探索各种形式的拍卖。其实阿里拍卖多年前就已为各地法院提供了免费平台来协助司法拍卖，但直播拍卖则是近年才有的事。

拍卖通过直播的形式，实际上是司法公开多样化的体现。在过去，很多标的物由于缺乏可供宣传的平台，导致估值严重缩水，损害了司法当事人的合法权益。而法官直播法拍，让标的物进入更多人的视野，成为以司法公信力为背书的网络拍卖新形态。

司法拍卖一直以来都比较封闭，因为传统的司法拍卖存在佣金高、周期长、受众面窄、不透明等问题，而现在通过直播进行司法拍卖，上述问题均能得到有效解决。所有产品的拍卖都在广大网民的监督之下进行，每一个消费者都能通过视频见证司法执行得是否公开透明。这是司法拍卖的进步。

三、直播带货的副县长

商河“80 后”博士副县长王帅，为了推销扒鸡走进了直播间。他模仿一些网红说“距离千年老店，只差八百年”“这味道，上头!”等。他表情夸张，一口接一口吃着扒鸡，不时学一些知名网红的口吻介绍，很快就销售了 3 万只扒鸡。在大家的点赞和转发中，扒鸡的销量节节攀升。平时半年才能卖到的销量，通过这场直播一天内就实现了。

商河县是山东省首批 12 个“村播计划”试点县之一，也是济南目前唯一的淘宝村播试点县。这类直播在商河已经屡见不鲜，截至目前，商河县内举办的大型直播活动已达 20 场，最高的在线人数高达 130 万人。王帅并不是商河县直播卖货的第一人，在 2019 年 1 月，商河县副县长陈晓东在网上卖商河年货，成为山东省第一个尝鲜“网络红人”的副县长。他创下了“10 秒卖出 100 个瓜”“1 小时销售额突破 20 万”的直播销售纪录。

有很多人面对镜头时会不自然，甚至说话也会结结巴巴，王帅也是如此。但是为了带动销量，他在每次直播之前，都会研究其他主播的直播方式，并分析销售数据，了解什么样的产品比较好卖，什么样的包装更受消费者的青睐，并且还要了解自己所推荐的产品具有哪些优点，在这些产品身上，消费者更想知道的是什么，当完全搞懂这些问题后，他直播起来就没那么犯愁了。

2019 年 8 月，在中国淘宝村高峰论坛上，王帅在一个网络红人的直播间里做了一期针对商河县的专场公益扶贫直播。直播时间仅 20 分钟，下单量就已经超过了 2 万单。

一种新媒介的出现，将会导致一种新模式的产生，并且每一次的媒介变革都会带来一场电商革命。毫不夸张地说，直播电商之所以能快速受到大众的追捧，就在于它的特殊性，而适当利用直播电商，就能使这场媒介变革成为企业经营发展的催化剂。

第五章　主播如何快速吸粉

作为主播，必须面对的一个重要问题就是：怎样快速涨粉？在直播电商中，粉丝具有无可替代的重要地位，产品的销量将直接受粉丝数量、粉丝忠诚度的影响。所以在直播电商中，你必须明白如何吸引关注，赢得青睐，黏住粉丝。

第一节　冷启动

在直播电商的初期，主播要如何吸引第一批用户？

一般情况下，当主播选择好适合产品的平台，并且完成注册后，就需要面对这一问题：如何吸引更多用户来观看？

对于没有人气也没有粉丝的主播来说，可采取以下四个方法来吸引用户，以完成第一次直播的冷启动。

一、广泛接触用户

在进行直播之前，需要提前在微博、微信、论坛等社交平台宣传预热。只要认真观察就会发现，无论是知名主播还是新主播，在进行直播之前，一般都会在社交平台上做宣传。当有用户看到这些宣传时，就会有一些人抱着好奇心去看直播。之后就要依靠主播将这些用户留下来。

没有人能随随便便吸引到成百上千的粉丝，就算是一些平台的“带货一哥”，也是一步一步走到了今天。所以就算前期观看的用户不多，也不能气馁，要一如既往坚持下去。

二、设定奖励机制

刚开始做直播时，可以适当给用户一些甜头。一般情况下，用户能拿到好处，就不会轻易拒绝。但是也需要注意，好处不可以太多，如果所给的太多或者是费用占比过高，会引来很多无效用户，即观看直播却不做出购买行为的用户。

就拿才艺主播来举例。才艺主播开始首场直播时，可以准备一些生活中有趣的小礼物来吸引用户观看，例如当观看时间达到多少分钟时，抽选几名用户送出礼物。用户在等待礼物的时候，主播就要利用直播内容打动他。

而游戏主播可以开展诸如抽奖送炫酷的“皮肤”、抽奖送精美的饰品或是抽奖送卡包等这些活动。

当积累了一定的用户后，还可以进行早上开直播，下午抽奖攒人数等活动，以做到进一步吸引用户观看。在抽奖的频率上，则根据自己的预算来确定。

新主播必须注意的是，无论采用哪种奖励机制，重要的不是产品本身，而是如何吸引第一批粉丝。吸引到第一批粉丝之后，就会产生固定的粉丝，便能根据后台的数据不断地更新直播方式及内容。

所以主播必须根据自身情况灵活设立奖励机制，如果通过这种方法获得了第一批粉丝，奖励机制就可以缩短；如果没有达到预期，就可以延长。但也不可以一味地延长，要多寻找没有吸引到粉丝的原因。

三、添加相关群组发广告

每个类目都会有各种群组，比如美妆类有美妆群，饰品类有饰品群。新主播可以搜索相关的群组，加入后发一些自己的广告，也可以直接建一个属于自己的群。还可以通过与人交换、互相拉对方进群的方式，迅速进入很多大群。

对于这些群组，你可以逐步提纯：退掉一些关联度不大的群组，以腾出容量加更多关联度大的群组。

四、利用微信朋友圈

现在越来越多人的微信朋友圈成为电商平台，合理利用微信朋友圈，能够收到不一样的效果。企业新主播除了自己要在朋友圈进行朋友间的第一轮电商，还需要发动企业全体人员加入朋友圈电商之中。

运用以上方式获得粉丝就是成功地迈出了第一步。但是要明白，距离真正直播电商的成功还有相当大的距离，拥有第一批粉丝只能证明直播事业的开始。要想在直播电商的行业中发展起来，还要稳扎稳打，走好每一步。在这个时候，如果对第一批粉丝的培养没有做到位，之后的直播电商之路必然也会受到影响。

第二节　挑选话题

适合用于直播中的话题主要有以下十一种。

一、最新的娱乐新闻

看直播的主要是年轻人，而年轻人好奇心强，普遍比较喜欢娱乐，所以从娱乐新闻入手最容易。主播可以跟观众谈谈例如××明星离婚案、××明星最近的言论等全民关注的娱乐圈话题，这样很容易引起大家的共鸣，而且还有新鲜感。

需要注意的是，涉及政治、宗教的新闻，千万不要去“八卦”。对于悲剧类的新闻，也要保持客观公正，不可为了流量而“带节奏”“吃人血馒头”。

二、感情经历

网络主播可以跟观众聊自己的恋爱经历，故事越离奇越跌宕起伏越好，这样一方面会让观众对你产生好奇心，愿意听你把故事讲下去，另一方面也会跟你产生情感共鸣，增加对你的认同。

不过对于大多数主播来说，恋爱经历实在是没有什么可谈的。对这一点广大主播不用担心，你可以参照媒体中的情节去编故事，也可以找他人去编一些故事。现如今，网络包装已经发展成一个行业了，行业内部的分工也很成熟细化，主播有需要，自然会有专业的编剧提供故事。例如你曾经喜欢一个人喜欢到极致，而后来谁又辜负了谁等等，夸张点也可以。

如果聊到被情所伤，观众感觉到了悲伤的气氛，这时作为主播的你再带着情绪唱一首伤感的歌，喜欢你的观众也会受到情感的触动，自然就会鼓励你，为你加油打气。这样一来，很容易“路转粉”“粉转铁粉”。

三、成长经历

主播可以聊聊自己的童年往事，例如你和父母的感情、你在上学时的经历、你毕业之后在社会上打拼的过程等等，谈这些也很容易让观众感同身受。当观众的情绪受到感染时你就可以进一步和粉丝互动，比如你可以反过来劝粉丝，鼓励他们要坚强，要乐观。

四、谈歌曲

爱说爱唱是时下年轻人普遍的天性，在直播过程中，伴着背景音乐你可以谈谈自己对音乐的理解，比如你为什么喜欢这首歌、自己喜欢的歌星、自己喜欢的音乐风格等等，还可以问问粉丝他们喜欢的曲目。

五、脑筋急转弯

脑筋急转弯是很多人小时候经常玩的游戏，不仅有问有答，而且答案往往还天马行空，所以，这类话题也是不错的选择。

六、穿着

人靠衣裳马靠鞍，穿着是人每天都要做的事情。作为网络主播，你可以先从自己直播时的穿着讲起，谈谈自己今天为什么要选择这身衣服，进而讲讲自己喜欢什么衣服，最后问一下观众的衣着品位。这样不仅与观众有话题可聊，还能顺便问出观众或是粉丝的喜好，以后你在直播时穿着也就可以更有针对性。

七、游戏

网游是当下年轻人的一个兴趣点，尤其是男青年，几乎没有不爱玩游戏的。跟年轻的观众聊聊彼此喜欢的游戏，能迅速激发对方的兴趣，拉近彼此的距离。

八、美食

中国人非常讲究吃。看各式“吃播”以及美食博主那么火，就知道美食绝对是一个大家都喜欢的话题。在直播过程中，你可以谈谈自己平时最爱吃什么、吃饭是自己做还是喜欢在外面吃，或是将最近刚听说的某家味道不错的餐馆拿出来跟粉丝分享，最后别忘了问问大家都喜欢什么美食，相信很容易产生共鸣，找到共同语言。

九、工作

主播和观众因为相隔一面屏幕，所以不能更深入地了解到彼此，但如果主播能主动问及观众的职业，就会带给观众一种被关心的感觉，对主播敞开心扉，从而让观众主动跟你说话。在这个过程中主播可以引导观众把自己的工作经历向主播倾诉，如果观众在工作中遇到什么趣事说出来大家一起欢笑。如果观众在工作中遇到了什么烦恼也让观众讲出来，作为主播可以提出建议。这样主播既达到了沟通交流的目的，同时还能更好地了解自己的观众。

十、影视作品

经典或最新的电影、电视剧、动漫等是多数人都感兴趣的话题，谈这些话题很容易找到共同语言，主播可以跟观众谈谈最近热播的电视剧，聊聊自己最喜欢剧中的哪些角色，也可以跟观众谈谈自己喜欢的明星以及他们的作品。

十一、旅游

“世界这么大，我要去看看。”出门旅行也是现如今年轻人喜爱的休闲方式。主播可以跟观众谈一谈自己最近去过什么地方、梦想是去哪里、最近某城市发生了什么大事等等。尤其是旅游目的地，也许观众就在你旅游过的城市，也许观众也和你一样向往某个景点。这样一来主播个人的话题就可以转变为主播和观众共同的话题，沟通起来也就游刃有余了。

最后需要指出的是，选择话题要注意三点：

第一，尽可能选跟自己的直播风格一致的话题，比如主播是甜美可爱风格的，就可以挑选些可爱的舞蹈、游戏等。

第二，对于自己不太懂的话题，要提前做好功课。

第三，三天内不要重复地讲同一话题。每次直播前应先准备好这次直播要聊的话题，不能临时抱佛脚。

第三节　观众互动

在直播过程中，主播要时时刻刻让观众感受到“存在感”“参与感”，应当努力调动他们的积极性。

如果主播和观众能有良好的沟通，成为相谈甚欢的朋友，观众自然会采取积极热情的合作态度。反之，若主播和观众缺乏交流沟通，让观众感觉彼此形同陌路，那恐怕就会造成“一日游”的尴尬了。如果你不知道如何与观众互动，可以试试从以下五点入手。

一、轻松聊天

并不需要谈多么有“意义”的事情，你完全可以多谈一些生活琐事，这样反而容易拉近你和观众的心理距离。比如你最近去哪里逛街了或是去哪旅游了，途中遇到了什么有意思的事情。又比如最近网购的时候又看上了哪款自己很中意的包包和裙子，以及很搞笑的买家秀和卖家秀。

无论什么样的观众，都希望自己能引起主播的注意，只要你跟某个观众说话，即使是一句看似简单的问候，那这个观众也会很兴奋。所以，一定要跟进入自己房间的观众打招呼，尽可能回复观众在公屏说的每一句话。假如观众太过热情，没有能够做到一一回复，也应当及时说明原因。

二、说点段子

很多主播戏称自己是靠说段子在平台上活跃的，但是做主播不能只说段子，段子是添加剂，时不时加进一些，会让直播饶有趣味，但是绝不能泛滥。说段子时，主播要把自己当作段子中的主人公，带着感情讲，给观众一种仿佛故事中的情节就是主播自己亲身经历过的一样，这样才会有感染力，观众才会发自心底笑出声来。当然，经常把观众的名字添加进段子中也会增添很多乐趣，观众也会乐此不疲。

三、鼓励观众表达

调动气氛有技巧，比如可以用一些很提神的话，或者用唱歌等才艺让观众动起来。一定要注意，千万不要自顾自地把话说完就把观众抛诸脑后，因为这样很容易引起观众的反感情绪，正确的做法是主播在表演完后主动邀请访客进行点评。

直播是由主播和观众双方共同参与的活动，不是主播自行其是的肆意狂欢。表演者只管自嗨，却无视观众的感受。观众怎么会对表演者产生好感呢？多听听观众的点评，一方面可以借他人之口了解自身，知道自己的优点和不足，哪些方面观众喜闻乐见，哪些方面还有瑕疵需要改进；另外一方面，主播作为一个倾听者能让观众说出自己的意见，会让观众在心理上有一种作为主角被你重视的感觉。这种感觉会使他在心里把你跟一般的主播区分开来，你重视观众，观众自然重视你。有哪个人不希望自己是人群中的焦点呢，哪怕只是几秒钟的焦点，你让我开心了，我就喜欢你，就这样简单。下次当这些观众看直播时，还会关注你。

长此以往，观众自然就会由你的访客慢慢变成你的粉丝，甚至成为敢于为你一掷千金的“土豪”，这时直播电商的目的自然也就达到了。

四、利用身边道具

跟观众互动时可以利用身边的一些物体，在直播过程中你可以时而拿出一个苹果、时而拿出一个锤子、时而拿出一本书，还有的主播到了饭点直接拿起碗筷吃饭。注意这时一定要拿捏好分寸。还有一种主播，每天穿的都是不同风格的衣服，时而天真可爱，时而冷酷帅气，让观众每天都不自觉地猜测自己中意的主播今天会以哪种形象出场。

五、表情动作丰富

实际上，很多新手在直播时很容易犯的错误就是：神情动作单一而不够多样，这是许多主播没有较高人气的重要原因。只有让表情动作都丰富起来，才能更好地调动观众的情绪，也让观众更好地感知你想传达的信息。

看过直播的观众都知道，在直播的过程中表情动作都是非常丰富的，当陶醉的表情配合着声声“Amazing”“我的妈呀，这样太好用了吧”的话述，总是让观众争先恐后地下单购买。

总而言之，主播和观众现实中相距万里，而直播间则在网络中为二者搭建起一座交流互动的重要桥梁。主播既要做到把握好现场气氛，又要努力加强和观众的沟通，让每一名观众都参与到直播中。

一场成功而又精彩的直播，跟观众的互动是必不可少的环节。很多当红主播跟观众的互动时间，甚至要占去他们绝大部分的直播时间。但这丝毫不影响他们的超高人气，所以对于主播这个群体来讲，必须要记住的一点就是主播中的高手，一定也是和观众互动的高手。

第四节　个性语言

主播必须有自己鲜明的个性，而打造个性可以从语言风格入手，比如一些主播的“我的妈呀！”“oh，my god！”“这个颜色也太好看了吧！”“答应我，买它！”“高级！”，还有某美食主播的“放入 66 粒盐”“屈（出）锅啦”。

当主播有了个性化很强的语言，就拥有了清晰的辨识度以及“病毒式”的传播度。他的语言被人喜欢，被人模仿，被人传播。

主播设计自己的个性化语言，可以从以下四个方面去打磨。

一、多样

网络直播和一般的电视广播形式不同，相较于这类传统媒体，网络直播在语言上没有非常严格的要求。并且网络直播本身具有一定的娱乐属性，所以更显得灵活多变一些。

也有主播为了体现出多样性，会抛弃普通话转而使用方言进行直播。因为方言具备特别的感觉和独特的音调，并且还能带给观众普通话所没有的亲切感和归属感。所以在有的直播中，主播使用方言和自己的粉丝交流，并且还取得了非常好的效果。

就多样性这一点，我们以最近几年大火的热门主播高迪来举例。高迪来自吉林松原，在 2015 年 10 月 1 日，他发行了自己的单曲《一人我饮酒醉》。在这首歌曲中，高迪说着一口粗犷而又细腻、质朴却又充满灵气、简洁却不留余地的东北腔，听起来既亲切又朗朗上口。后来，这首歌迅速火遍大江南北，一时传唱各地。

不仅仅是东北话，四川话、广东话、山东话等有地方特色的方言甚至是外语都能成为主播的语言来源。在进行网络直播时，完全没有必要拘泥于某种语言，完全可以根据自己的特色说充满张力和情趣的话语。这样做不仅能把观众和主播之间的距离拉近，还能因为具有某种特色而吸引更多的粉丝。

二、直率

主播在进行网络直播时，一定要直率些。网络直播与现实生活不一样，在网络上，大家更喜欢直率的人，如果主播委婉地说话，反而会让粉丝反感。但是如果直率一些，粉丝会认为这个主播不虚伪做作，反而更容易被粉丝接纳。

很多人观看网络直播就是为了放松精神，在平日的工作生活中，大家讲话都会有所保留，周围的人说话也会给自己留有余地，如果在观看直播时，主播也这样讲话，那么不仅不能让人放松精神，反而还会让人精神紧绷。所以在直播时，一是需要有话直说，二是表意明确。

例如，某主播在进行直播时，讲到涂口红的方式时，说起自己当柜哥时的一些经历。他说有的女生涂口红之前总喜欢舔嘴巴，像羊一样。虽然也有不少女生觉得他说的“像羊一样”冒犯到自己了，但有更多的女生觉得自己就是这样。如果是在现实生活中说这样的话，那么对方肯定会生气，而在网络直播中，不仅不会生气，还会觉得形容得很贴切。

所以主播在与粉丝互动时，一定要纯朴自然地表达自己的观点，不要拐弯抹角地说。这样能拉近与粉丝之间的距离，并且这样的主播也能受到更多粉丝的喜爱。

三、亲切

在进行网络直播时，主播不用像电视台节目主持人那样正襟危坐，而是需要把观众当成朋友，把直播当成一场轻松自在的闲谈。

在讲话的时候，可以先从自身讲起，说一说当天遇见的有趣的事情，或者是讲一讲自己觉得有意思的事情，让用户感觉到屏幕里的是活生生的人，而且要让他们有发出评论的冲动。当用户发出评论，主播就可以根据评论和用户展开聊天，也可以借此了解他们的想法。

做网络直播不可有高高在上的态度，也不可以把自己当成导购一般，而要像朋友一样，聊天时谦逊中肯，推荐产品时态度和善。甚至也可以和消费者聊一聊生活中的一些经历和想法，进行接地气、生活化的互动。

四、幽默

幽默是主播成长道路上的必修课。现在的网络主播或多或少都有幽默细胞，有的甚至是幽默高手。对于主播而言，幽默不仅仅是获得好人缘的优质条件，还是缓和气氛、化解尴尬的必要手段。

做主播一定要学会自嘲，这就跟做演员一样，适当自嘲不仅能化解尴尬，还能增加趣味性。在这里我们就以黄渤来举例。黄渤参加某节目时，某主持人对黄渤说："你长得很特殊诶。"黄渤笑着回答："一开始长得还挺委婉，后来就越来越抽象了。"在现实生活中，如果有人像这位主持人这样说，气氛一定会很尴尬，但黄渤以机智的自嘲化解了尴尬的气氛。

在进行直播时，也会有观众对主播开启攻击模式，这个时候，适当的自嘲不仅能显示主播的人品，化解尴尬，还能增强粉丝对主播的亲近感。

如果观众只是跟主播开玩笑，主播也可以顺势调侃观众，但需要注意的是，调侃也需要把握好尺寸，玩笑开大就会起反作用。所以当观众开主播玩笑时，主播要学会以幽默的方式化解，不要过分开观众的玩笑，否则就是得不偿失了。

"一句话能把人说笑，也能把人说跳"。从这句俗话中我们就可以看出语言对人的影响有多大。主播要想得到观众的喜爱，就要把观众"说笑"。看似不难，实则有一定难度，毕竟主播不是直接面对人，中间还隔着屏幕，无法直接察觉对方的心情，所以主播更需要提前做好准备，要了解观众的喜好，也要了解观众近期关注的"梗"以及热点。只有知道了这些，才能抛出能被观众接受的话题，增加双方的互动。

对于在镜头前表演的主播来说，语言的重要性不言而喻，语言经过口头传播，被观众接收时，主播完全不知道他们会产生什么样的想法。这也使得主播更加注重对自己语言能力的培养。唯有自己对语言的使用变得越来越简洁凝练、收放自如，才能为后续的直播电商奠定良好的基础。但是有一点需要注意，主播在培养自己的语言能力时，也要根据自己的发展方向，进行定向性的培养，切不可看谁有趣就学习谁。

第六章　主播低成本获客秘诀

愈来愈高的获客成本成为企业不堪承受的重负。而直播正处于高速发展阶段，垄断格局尚未形成，企业还有低成本获取流量的机会。同时直播本身具有的草根属性，使得企业在进行直播电商的过程中不需花费巨额资金聘请明星大腕做代言，有必要的话，让公司老总、企业员工甚至消费者来做主播都是可行的。

第一节　日常发布——塑形象

作为中国新媒体产业的最前沿，从世纪之初的蹒跚学步，到今天的高速发展，各大直播平台已经积累了大量的用户。这些观看直播的用户往往都是有一定购买力且娱乐精神较强的青年，而这些人往往也是各类企业产品的消费主体。就像人们看待素颜和化妆之间的关系一样，相较于包装华丽的宣传大片，这些年轻消费者似乎更想关注企业在平日里的表现。

因此，在规模庞大的用户基础和传播效应的驱动下，直播已成为当今时代企业自我宣传的最佳窗口。直播能够让企业放下对成本的担忧，多层次地向消费者推广品牌知名度，以独辟蹊径的方式激发消费者的兴趣。从目前一些企业在宣传自身经营日常的案例中，我们可以一睹直播对企业社会形象的巨大塑造效应。

首先，我们先来看看万达集团的做法。

在雷军和周泓袆等互联网巨头率先加入直播、开企业日常直播先河的时候，实体经济的代表、房地产巨头万达也不甘落后，立即跟进。2016 年年中，万达集团和花椒直播宣布进行深入的战略合作，万达集团整体入驻花椒直播，开通专属万达的直播间，向观众全面展现万达的企业文化。通过直播，人们不只可以看到万达的战略发布会，而且还能一睹万达员工食堂和宿舍的真貌。

不仅如此，作为万达领头羊的王健林还率先垂范，多次通过直播的方式，向观众展示自己企业的方方面面。在某年万达的年会上，王健林就在直播过程中以一首《西海情歌》征服了网民，被很多观众戏称为“灵魂歌手”。

万达和王健林通过直播，让许多观众看到了一个有血有肉的万达集团。这种通过向观众展示企业真实自然的表现，继而宣传企业自身形象的行为，在观众看来毫不做作，受众的接受度也较高，不得不让人钦佩。

除了地产行业的万达，餐饮行业知名平台“饿了么”也做了相关的尝试。

2016 年 6 月 7 日，国内著名网上外卖订餐平台“饿了么”三位创始人张旭豪、康嘉、张雪峰入驻 YY 直播，又一次树立了企业日常和直播相结合的典型。

在 YY 直播上，三位创始人和观众亲密互动，不但和网友一起分享了企业初创时的青葱岁月，还做起了“导游”，带领观众游览了“饿了么”公司总部，向观众全面展示这一“外卖帝国”的神秘内在。

就在“饿了么”三位创始人通过YY直播带着观众参观公司总部的当晚，直播间已吸引了几十万满怀好奇的网友，很多观众通过弹幕、留言等方式纷纷表达了自己对“饿了么”的全新认识。有的观众说今晚总算亲眼看到了自己“饮食父母”的真容，有的观众则为“饿了么”如此接地气的表演而拍手叫好。

在“饿了么”创始人之一康嘉看来，之所以要选择直播作为企业首次向公众开放的宣传媒介，是因为“饿了幺”是一家“网络＋食品”的企业，“饿了幺”的目标人群就是爱吃爱玩的年轻人，这与直播平台的主要用户群体高度契合。“饿了幺”希望通过直播这一全新的社交方式，让大众印象中的“饿了幺”品牌更亲民，让年轻人心目中的“饿了吗”更贴近自己的生活。事实证明，他们的目的达到了。

同样，宝马Mini在为自己的新一代车型做宣传时也选择了同样的方式：

2016年5月，为宣传新一代Mini车型，宝马Mini携手《时尚先生》杂志在映客上对时尚大片拍摄过程进行了为期3天的直播。而这场直播的主角就是宝马Mini经过层层筛选才确定的四位男星井柏然、杨祐宁、秦昊、阮经天。宝马Mini是第一个对拍摄片场开展视频直播的汽车品牌，四位男星在颜值方面足以俘获一大批年轻观众，在直播过程中，共有530多万观众同时观看。

对于这次直播，宝马Mini汽车官方给出的解释是：之所以要对拍摄片场开展视频直播，原因就在于宝马Mini汽车的目标并不是要像以往的宣传模式那样简单地消费明星和话题，而是希望通过直播平台和观众一同塑造全新的内容和价值。

让Mini汽车的宣传如此轰动的原因，主要在于它成功地把握住了直播对企业日常的宣传效应。当观众通过直播不仅能看到一个豪华品牌在公众印象中光鲜亮丽的一面，而且还能看到企业在日常经营中是如何打造这种豪华感的，观众怎能不心生好奇，而这种好奇又会驱使着观众通过观看直播来了解他们，直播电商的效果就在这个过程中得以实现。

直播的即时性使得它能在较短的时间里协助企业取得观众的信任与好感，继而提高用户对品牌的美誉度。在不远的未来，当企业的公关人员讨论如何塑造企业形象时，部门领导叮嘱下属的将不再是发朋友圈，而很可能是上直播。

实事求是地讲，花椒、YY、映客等新型直播平台的崛起，并不意味着微博、微信等传统企业网上电商形式会走向终点，由于功能属性各异，在未来相当长的一段时间中，直播平台、微信、微博三方大概率仍会延续并驾齐驱的态势，共同构成企业在品牌电商中最为倚重的三个宣传阵地。

可以想见，在雷军、王健林等企业家的示范引领作用下，未来会有更多的企业选择通过直播来宣传自己的企业日常。无论是互联网企业还是实体企业，通过直播进行自我宣传，可以说是未来企业品牌电商的一种趋势。不光是年会，公司产品的生产环境、员工的工作状态等都可以经直播平台向所有观众展示，这种大胆凌厉的宣传方式就像 90 年代末的房地产一样，谁先做，谁就能抢占先机获得更高的品牌价值。

第二节　活动直播——引关注

从来没有一种媒介形式，可以像直播这样使企业、观众、电商、活动和交易连接得如此连贯。当直播能够附着在所有电商形式上时，企业通过直播活动来宣传自己的品牌和产品就变为了可能。企业将品牌活动搬上直播平台，可以在瞬间激发受众的兴趣，同时还能进一步增强企业与消费者之间的感情沟通。

实际上，在企业直播平台上对企业的宣传活动进行精耕细作非常符合企业的需求，直播活动必将成为企业获取在线用户流量的新方式。

现在直播的题材越来越广泛，不仅唱歌跳舞可以直播，甚至连吃饭睡觉也可以直播。对品牌而言也是如此，万事皆有可能。

“直播＋企业＋活动”的组合让企业在宣传过程中拥有了电商的核心竞争力，直播既让活动的过程得以充分展现，同时也让直播活动自身拥有了商业价值。成功的活动推广需要合适的平台，而直播恰恰就是最适合品牌活动对外宣传的载体。从现今的国内品牌电商的变化与直播平台自身的嬗变来看，更具差异性、更具内涵的活动内容和直播的结合将成为未来企业电商的发展趋势之一。

第三节　深度互动——留粉丝

尽管当前的直播电商仍处在初步探索时期，但业内已经达成了一点共识：直播最显著的优势在于它能为用户带来更直观更形象的使用体验，甚至能够做到零距离沟通，这是其他传播形式所不能达到的。聊天、打赏、投票等互动方式对于直播这种潜力无限的媒体形式来讲仍然只是浮于表面，它们并没有把直播实时互动的价值利用到极致。

纵览目前各类品牌的直播电商模式，大部分还是局限在现场互动、明星站台、低价促销等手法中，总是缺乏一定的跳跃性思维。“搞事情，博关注”的嫌疑更大一些，而电商成本却相对较弱，无法形成对消费者的黏性。在此情况下，将企业在直播平台上的宣传推广活动引向深入就显得很有必要了。

2015 年 4 月，某知名男性护理品牌在游戏直播平台上发起了一场特别的直播：主办方找到一个人进行了为期 3 天的野外生存，而他的行为彻底受观众的控制。所有观众通过聊天可以像打游戏一样控制人物的每一步行动，然后系统会自动对所有观众的选择进行统计，得票最多的动作就是当事人下一步的行动。

2016 年 3 月，某品牌和某知名社交平台联手开展了一场名为“护照挑战”的直播，首先，活动当日一些用户的界面上会出现活动通知，他们将获准参与“护照挑战”。倒计时一开始，参加者需要在 30 秒内找出护照，并回到镜头前手持护照合影。

能成功在 30 秒内找出护照的参与者将被视为收纳能手，这些高手将得到一个价值超过 400 英镑的旅游大奖。而那些没有在限定时间内找出护照的参与者也不必丧气——品牌方会为这些人赠送一个收纳盒。

不管是直播野外生存，还是直播“护照挑战”，我们都可以从中看出他们的直播活动不同于一般企业直播的关键之处就是更深层次的互动。前者让观众成为主播的“指挥官”，而后者则直接把潜在的消费者拉进了直播间，让用户成为直播的主角。这种对企业直播大胆直接的创新无疑能够让参与其中的观众对企业的印象更加深刻，并能打消一些消费者对企业可能进行虚假宣传的疑虑，有助于企业进一步获得观众的信任。

企业在直播平台上和观众进行深层次的沟通和互动的营销趋势，其实是互联网在发展过程中所呈现出多种趋势相互融合的产物。

一、直播范围扩展

直播范围和层次正以令人瞠目的速度拓展，我们现在已经可以在一些诸如斗鱼、花椒、映客等大型直播平台上看到丰富的直播内容。当直播进入“泛生活化”时代，连个人的衣食住行都可以通过直播进行呈现，那么企业在直播平台上还有什么不能做的呢？所以未来的企业直播电商将不再是企业在直播间打广告那么简单，未来在直播平台上，品牌宣传与百姓生活、游戏、高科技等充分结合几乎是一个必然趋势。

二、消费体验升级

社会在进步，科技在发展，生活水平整体提高的消费者自然不会降低对消费体验的要求。因此企业想要让消费者仅仅满足于对企业产品本身的认可是远远不够的，企业产品的体验升级趋势不可阻挡。当传统的体验模式遇到了一个瓶颈，企业就必须想办法更深一步从各个维度提升用户的消费体验，而通过不断翻新的直播形式，企业能够让消费者感受到产品从研发到销售最后到售后服务的全套过程，在持续深入的互动中加强消费者对品牌的感性认识和理性认同。

在这两个大趋势的共同推动下，企业通过直播平台和消费者进行更为深入的互动基本上是一件不可避免的事。

当企业的直播电商进入深水区，倘若企业的宣传还局限于走马观花式的简单推广，那必然会落后于直播电商的新时代。要想取得良好的电商效果，不仅需要企业在直播前大造声势，制造噱头，更需要在直播过程中让观众积极主动地参与进来，不仅要让观众获得视觉、听觉的感官刺激，更要直击观众的心灵，目前来看满足企业这种需求的最佳手段正是直播。

知易行难，在过去传播途径有限，信息高度集中的年代，能俘获消费者的成功电商案例尚且少之又少，到了今天这个信息大爆炸、流量高度离散化的时代要想将观众的好感牢牢抓住更是难上加难。但是只要企业电商人员在平时多留意观察，在直播电商过程中多做总结，总会抓住和观众深入互动的机会。

第四节　电商直播——化流量

作为电商，其在日常经营中始终需要解决的核心问题就是：怎样将自己平台上的产品促销信息和优惠活动准确及时地传达给消费者并转化为购买力。

这时，直播就以其超高人气、超强互动性的特点成为电商平台向消费者宣传自己的首选，而直播平台庞大的用户基数与同样惊人的每日活跃用户正好成为促销信息直抵受众的关键。当今互联网领域最为活跃同时也是最具发展潜力的两大商业模式强强联手，电商模式无疑会出现更为彻底的革新。

直播电商的出现必然会直接改变传统电商的电商模式，推动其从单纯卖产品向卖内容转型，在直播中进行现场电商，第一时间实现流量转化。如果融入一些创意，更能够使直播电商起到事半功倍的效果。

2016年6月，团购网站聚划算携其平台下六大商家登录B站直播，在B站进行了一场“我就是爱妆”的角色扮演直播秀。

在这场直播中，六名美女主播亲身体验了聚划算六大化妆品商家提供的化妆品，在和观众分享自己角色扮演过程中的化妆心得时，还不忘向参与互动的观众赠送品牌礼包。整场直播吸引了数万观众热情参与，而聚划算平台下的六大化妆品商家的订单也同步激增，订单成交总金额接近千万。

聚划算的这场直播探索出了一种现场互动电商的新模式，成功完成了电商到成交的转变。

京东生鲜在2016年端午节期间，与知名直播平台斗鱼TV合作的“龙虾激战之夜”网络红人直播活动可以说是电商平台借助直播进行宣传促销的经典案例。

2016年6月18日前后，京东先是通过斗鱼平台举行了“直播烹饪大龙虾”的主播招募赛，3日内吸引了五十多名主播参与到直播中，这些主播通过唱歌、相声等多种方式，向观众传达京东生鲜“6·18”大促的新闻。紧接着在“6·18”大促活动前夕，京东又在斗鱼TV上开展了“龙虾激战记之夜”活动，其同斗鱼平台上的人气网络红人无尽、Dy范童等五位直播达人，分别在位于北京的798艺术工厂、望京、簋街等人气聚集地的大排档、小吃铺等场所，全程直播麻辣小龙虾的制作过程。

美食与美女的诱惑立即吸引了海量的观众围观。在直播的全过程中，累积的观看人数达五百万，其中个人同时网上观看人数最高超过了二十万。不仅如此，京东方面还在直播间内植入了更贴合实际场景和更多样的软性广告，例如京东二维码，网上购买链接等“即点即买”的购买引导，加快直播电商的变现速度。

这场直播在京东的大丰收中结束，截至直播收官，京东生鲜的产品订单量已超往年同期六倍，实际销量更是达到了往年同期的十倍。

2016年6月，天天果园首席执行官王伟在友加直播上全程直播了公司在美国樱桃园采摘Ruby樱桃的过程。

天天果园大费气力直播采摘的Ruby樱桃实际上是一种成活率很低的珍稀品种，目前世界上的Ruby樱桃仅产于美国的奇兰湖畔。因为品种罕见且产量极低，其种植家族对该樱桃的出口一向极为慎重。而以“水果猎人”著称的天天果园通过长期的交往终于获得了Ruby樱桃种植家族的信任，最终取得了Ruby樱桃在中国的独家销售权。Ruby樱桃在清晨被果农采摘后，会经过一系列严苛的拣选过程，在一天半的时间内运抵国内。

王伟亲自直播采摘 Ruby 樱桃过程，首先使观众得以一睹这种神奇果品的真容，感受采摘过程的艰辛不易。更重要的一点在于公司方面要借助现在最受欢迎的直播模式将公司优质产品的卖点宣传出去。利用观众的猎奇心理和互动感强烈的表现形式，天天果园让原本高高在上的珍稀水果通过直播的形式成功地贴近了年轻观众，打了一场漂亮的直播电商战。

从上述三个堪称直播电商的经典电商案例中我们可以发现，企业通过直播平台进行产品宣传能够实现多赢的局面。

首先，极具创意的现场直播电商方式，为广大消费群体带来了“所见即所得”的直接消费体验。观众看到主播在挑选商品，就好像自己也置身于商场中一样。经验丰富的主播通过专业的解说更能激发消费者的购买欲望。

其次，企业通过广告、公关与直播的电商组合，通过在场景中植入产品信息，让网购变为了直播内容的一部分，这样不仅可以减少观众的抵触情绪，更能让观众在耳濡目染中接受企业的经营宗旨，这对提升品牌形象有很大的积极作用。

最后，现场直播电商的新尝试，可以进一步加深直播平台在观众内心多元化直播的印象，为其最终成长为综合性直播平台增添筹码。

网上的生意和现实中的许多生意相似，只要做的人一多，再加上恶性无序的竞争，马上就会成为一片见者即逃的红海。当越来越多的企业和个人加入浩浩荡荡的直播大军时，一场直播电商的革命就在所难免了。

第七章　直播电商做好选品

做好选品是做好直播营销的第一步，在“辛巴假燕窝”事件中，辛选团队在选品、质检方面因为对燕窝行业相关专业知识储备不够，未能发现品牌方提供的产品信息存在夸大宣传的问题，存在疏漏，从而给团队造成了巨大的损失。

第一节　直播电商选品技巧

众所周知，影响直播带货三个重要因素是："人、货、场"。我们先来谈谈三个因素之一的"货"，也就是直播带货的商品。

在竞争激烈的直播带货"战场"中，面对市场上那么多现有货品，很多用户会有很多疑惑：直播间该如何进行选品？

一、选品与账号定位领域相一致

不管是视频运营还是文章，都会说到"垂直度"这个词。也就是说所创作的作品必须是关于此账号所选领域的内容。创作内容与领域保持高度一致，垂直度越高，定位越准确，越容易被平台推荐。

直播带货选品也是一样，如果你的账号定位的是女装，那么你带货的商品就最好都是与女装相关。这样一来，你自己本身对这类商品会比较了解和熟悉，也符合粉丝对账号的需求，更有助于提升产品转化。

比如，主播"小敏零食铺"就属于美食领域的，那么她所带货的商品就是一些零食了。

二、按照粉丝需求选品

会选择关注你的粉丝，肯定是对你的直播间感兴趣或者有需求。因此，在直播带货选品时，一定要了解你的直播账号上粉丝的属性和需求，比如粉丝的年龄段、性别、区域等。

要想了解粉丝的这些呢，就可以借助直播数据分析工具了。

比如，在菠萝蜜数据的"主播详情"的"粉丝数据"中就可以了解到主播的粉丝的性别、年龄、地域等相关信息。根据这些需求，及时补充产品品类，满足粉丝需求，以此留住粉丝。

三、选择热度高的产品

有热度的商品，会给直播间带来热度。因此，在直播带货的时候，可以选择上架一些网红产品，比如“李子柒螺蛳粉”“阿宽家面皮”等，既可以增加直播间流量和人气，又可以增加直播间销量。

四、借助数据分析工具来选品

在选择直播带货商品时，有的时候我们需要借助一些数据分析工具来帮助我们选择最合适的商品。

比如，在菠萝蜜数据的“商品库”中，可以发现前一天销量最高的商品。在“商品详情”中，会有商品的直播价、每日销售数据趋势等。然后根据这些信息结合账号定位、粉丝需求，来选择合适的直播带货产品。

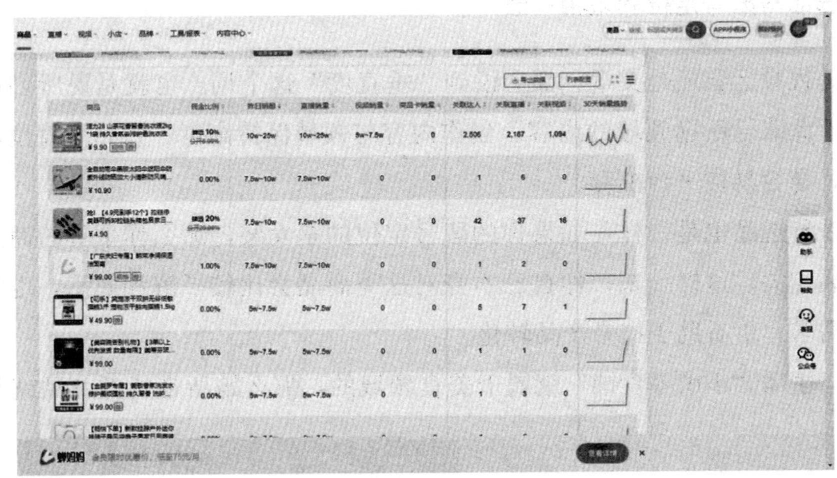

五、选择性价比高的商品

一般消费者都会挑选性价比高的商品，也就是实惠、实用、售后服务好的商品。因此，在直播带货选品上，选择性价比高的商品，既吸引消费者的购买，又可以增加消费者对直播间的信任。

第二节　适合直播电商的产品

虽然目前直播在向多领域延伸，但最适合直播电商的还是这四类产品。

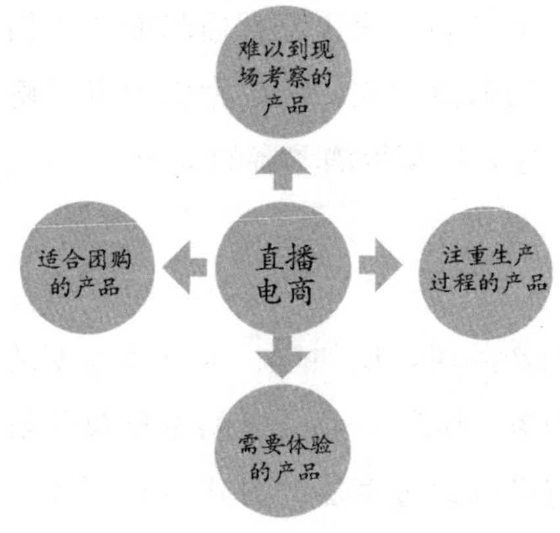

一、难以到现场考察的产品

说到很难到达现场去考察的产品，很多人都会想到跨境电商。并不是所有人都能直接到海外去“买买买”，传统的代购则让人无法了解自己想要购买的产品在国外究竟是什么样的状况、什么样的品牌更加适合自己、如何做好价格选择等。正是因为信息的不对称性，使消费者在跨境电商购买时难以做出决策，这时若是通过直播，就能相对有效地解决这些问题。

在观看直播时，消费者能清晰直观地了解这些商品的详情，然后再根据这些信息迅速做出决策。

与跨境电商相类似的还有旅游业，在没有到达景点时，人们无法了解到景点的真实状况，而通过直播，人们就可以了解当地的风土人情，并根据所了解的情况做出是否去、去哪儿、何时去等决定。

二、注重生产过程的产品

在物质水平迅速发展的今天，人们越来越关注产品的质量和服务。比如，对于食品，消费者关注得较多的是食品生产的过程，是不是有机的，是否有农药等。而在艺术品上，人们更关注的是制作过程，是手工制作还是机器制作等。人们关注点在不断转变，那么在进行直播电商时，也要突出消费者的关注点，将这些要点给展现出来。

卫龙公司创办于 1999 年，是集研发、生产、加工和销售为一体的现代化休闲食品品牌。卫龙曾经做过一次食品制作流程的直播，将其生产车间的状况和整个生产流程用直播的方式展现给消费者，成功地打消了人们对其食品是否安全的疑问，获得了非常好的宣传效果。

像卫龙的这种宣传方式是传统电商无法做到的，就算传统电商以图文的方式展示了食品的制作过程，消费者也未必相信，但直播却能让人信服。这也就说明食品企业应该充分利用直播这一有利的电商方式，让广大消费者了解自己的产品，展示出一个安全、卫生、健康的产品形象，以赢得消费者的信赖。

三、需要体验的产品

当人们在购买高消费的产品时，比如房、车以及大型的家用电器时，一般需要全方位地了解产品和相关的服务，听取专业人士的意见及分析。但是也有不少人没有时间去亲自体验，这个时候就可以通过直播的方式先行了解。虽然直播无法完全代替真实体验，但是可以通过展示细节等方式在有限的时间内让消费者完成第一轮的筛选，节省到现场了解的时间。

2020 年 4 月 2 日，“淘宝带货一姐”直播卖房，1900 万人观看，500 张购房优惠券 3 秒被抢光。截至 4 月 4 日下午 4 点，累计成交 7 套，合同金额超 1000 万，来访成交率近 50%。如此高的来访成交率，表明直播的前期了解发挥了至关重要作用。

与这类产品不同的是早已在电商直播中风靡的美妆产品。不少美妆产品需要讲解化妆技巧，以及上妆时的感受，上妆后的效果。这时，消费者可以通过直播深入了解，觉得满意了，就可以下单购买。

四、适合团购的产品

众所周知，团购最容易打造爆款，原因是借助团购这一契机吸引到了大量具有相同需求的群体，并成功说服他们买单。团购其实非常适用于直播，因为它能够在短时间内将一群具有相同兴趣爱好的人聚集起来，这是直播的优势之一。

聚划算是阿里巴巴集团旗下的团购网站，它就曾在这方面进行过尝试。在 2016 年的 5 月 24 日晚，聚划算直播销售 6 款产品，虽然观看人数只有 12 万人，但仅仅枣夹核桃一款就卖爆了。同年 5 月 28 日晚，通过直播销售惠氏奶粉，在 1 个小时内达成 120 万交易额。

再看现在各种电商节，可以说是“无直播，不电商”。作为企业，完全有必要根据自身产品定位选择合适的直播形式，只有这样才能为品牌和产品寻找到更好的出路。

第八章　直播电商常用平台

2020年相关数据显示，直播已经成为一种新的电商方式，渗透到消费者的日常生活。约三成直播电商受访用户称，每周会观看电商直播4—6次。艾媒咨询分析师认为，观看电商直播成了当下流行的消遣方式之一。在消遣的同时，用户也节省了为选择商品而花费的信息搜寻成本和时间成本。

第一节　抖音：分享美好生活的短视频平台

抖音是一款音乐创意短视频社交软件，专注年轻人的15秒音乐短视频社区。用户可以通过这款软件选择歌曲，拍摄15秒的音乐短视频，形成手机原生配乐作品。现如今抖音已成为互联网流量和最新带货好手，越来越多的人开始在上面推广品牌与产品，各行业也在推广。抖音能将商场最新动态、店铺新品上新，以及商场服务活动状态收集拍摄传播。

第一、抖音定位：宣传、传播、互动。

第二、抖音目标用户可以分为三类：内容生产者、内容次生产者、内容消费者。

第三、抖音解析：在内容运维策略上，基于最初的分析，抖音是视频内容，每周2—3条最佳，然后进行精细化运维，让每一条都可能成为热门内容，这是运维的不二法宝。每条15秒视频结构上，拆解为封面、内容铺垫、爆梗3部分。封面作为品牌形象不可马虎，还要吸引消费者眼球，才可以从短暂的时间流中获得互动，然后开始讲故事，讲段子，最后一定要有个梗。

1. 鲜明的定位、差异化内容

商场拍摄接地气的视频，比如花式技巧（叠衣服、如何正确保养衣服保养鞋子等）、将品牌IP化，通过构建人格化来塑造内容，持续不断产出内容给品牌带来话题热度。

2. 拍摄服装上新

每周可让店铺自行拍摄店铺服饰上新或特价商品给企划部，企划部会按照品牌轮流上传视频，如周三鞋类、周四女装、周五量贩。

3. 展现企业文化

除了产品质量、服务水平等以外，消费者也会关注企业文化。所以，也可以在抖音上将办公室文化、员工趣事等呈现出来。例如，小米的抖音账号之一“小米员工的日常”在春节前发出一系列办公室趣味抖音视频，看起来只是发年终奖、春节加班、发开年红包等琐碎场景。但是无形中传达了小米独特的企业文化，有利于引导观众对小米产生好感。

第二节 斗鱼 TV：泛娱乐直播平台

斗鱼一直专注于游戏直播，最近几年开始拓展到泛娱乐内容。斗鱼的前身为 AC-FUN 放送直播，于 2014 年 1 月 1 日正式更名为斗鱼 TV。更名后的斗鱼 TV 是一家弹幕式直播分享网站，主要为用户提供视频直播和赛事直播服务。而今以游戏直播为主，涵盖了户外、综艺、娱乐、体育等多种直播内容。

斗鱼 TV 虽然是从游戏直播起家，但现在已经整合了多方面的内容和资源，几乎涵盖了游戏、教育、体育、科技、公益，甚至是综艺和娱乐等多种直播内容。

但斗鱼 TV 的发展也并不是单向性的，而是结合自身平台的特点，将运营模式向娱乐新媒体、游戏以及产品分发渠道、优质视频等方向发展。如今斗鱼 TV 的主要经营内容包括斗鱼＋“大众创业、万众创新”、斗鱼＋游戏、斗鱼＋体育竞技、斗鱼＋娱乐、斗鱼＋生活、斗鱼＋就业、斗鱼＋公益等。

据第三方权威网站 Alexa 数据统计，截至目前，在用户和流量数据方面，斗鱼 TV 已经进入全球网站前 300 名，在全国排前 30 名。

在 2016 年，斗鱼 TV 称晚间高峰时段，网站的访问人数已经接近淘宝的 80%，而在线开播的主播甚至超过了 5000 位。也有第三方平台的数据显示，在 2016 年，斗鱼 TV 每日的活跃用户高达 1200 万人，月活跃人数则是 1.3 亿到 1.5 亿之间。在百度发布的 2016 年的热搜榜单之中，斗鱼 TV 在“90 后”人群十大热情关注和“00 后”人群的十大新鲜关注中并列前五。

到 2017 年，斗鱼 TV 直播的累计注册用户已达 2 亿人。平均每天有 9 万到 10 万位主播开播，在晚间高峰时段甚至有 2 万左右主播同时在线开播。

2019 年 3 月，武汉东湖高新区监测数据公布了斗鱼直播在 2018 年的营收报告：其中显示 2018 年斗鱼收入超过 40 亿，截至 2019 年 1 月活跃用户数高达 4671 万人。可以明显看出斗鱼在营收和月活跃人数上甩开其他直播平台一个身位。根据移动直播 APP 来看，斗鱼用户量也保持在直播行业前列。

第三节　虎牙：游戏直播平台

虎牙直播，成立于2014年11月，是一家互动直播平台，主要为用户提供高清、流畅而丰富的互动式视频直播服务。虎牙直播旗下产品覆盖移动、PC、web端，而知名的游戏直播平台虎牙直播、风靡东南亚和南美的游戏直播平台NimoTV等也均为虎牙直播品牌所有。

虎牙直播是YY直播分离出来的，2014年11月21日虎牙直播开了发布会，发布会的形式首次采用了线上直播的方式。虎牙直播也是中国领先的游戏直播平台之一，其覆盖超过3300款游戏，并且已经涵盖娱乐、综艺、教育、户外、体育等多元化的弹幕式互动直播内容。

随着电竞赛事的发展，虎牙直播汇聚了众多世界冠军级战队和主播，并且引入国内外赛事的直播版权，开始深耕独家IP赛事。但虎牙的发展也不仅限于此，还通过明星主播的方式开展了娱乐直播，并且启动全明星主播战略。已有很多娱乐明星的直播“处女秀”在虎牙直播完成。

虎牙直播还为国内的直播行业开启了一个崭新的新时代，即全网启用HTML5直播技术，用户不必安装插件，只要打开虎牙直播就可以享受“远离卡顿发烫，1秒即开看直播”的畅快体验。

虎牙直播是资深的以游戏内容为核心的直播平台，平台汇聚了目前最为火爆的游戏，如《英雄联盟》《王者荣耀》《守望先锋》《炉石传说》《绝地求生》《球球大作战》《刺激战场》以及《全民突击》等主题的直播内容。

在游戏电竞上，虎牙汇聚了众多世界冠军级战队和主播，比如“国民电竞女神”Miss和超人气号召力主播董小飒等，他们均与虎牙直播签约，持续为虎牙直播的用户提供独家的直播内容。

在游戏直播上，虎牙独具特色和优势，这主要体现在以下几点。

一、豪华主播阵容，战队明星大咖空降平台

虎牙直播以游戏为核心，并以其豪华主播阵容俘获了大批观众。豪华主播阵容除了Miss和董小飒，还有电竞BB机孤影、绝地求生韦神、国服第一露娜、绝地求生战

队4AM，明星主播则有实力演员白宇、著名歌手胡夏、孙耀威以及青春偶像赵越、腹肌男神宁桓宇等。

二、拥有顶级赛事版权，呈现独家直播视角

虎牙直播拥有多项国际顶级赛事的独播版权和直播版权，比如《王者荣耀》KPL职业联赛和《英雄联盟》的S系列赛、季中赛等。

2017年12月27日，《英雄联盟》官方宣布虎牙直播成为2018年LCK独家直播平台。

2018年《绝地求生》PGI全球邀请赛，虎牙直播不仅拿下官方视角直播版权，而且还拿下4AM、OMG的独家第一视角版权。

三、打造权威赛事，收割巅峰流量

YSL联赛（YY Stars League）是虎牙直播为观众献上的明星级赛事。该联赛创立于2013年，当年举行的首届YSL《英雄联盟》游戏联赛曾创下观看量超过1000万人次的壮观场面。近年随着YSL联赛的扩大化和精品化，各路优质主播也应运而生。

除此之外，虎牙直播还有更多的赛事，收割了一批又一批的超高流量，比如天命杯、虎牙直播手游大赛（HMA）、公会争霸赛、《王者荣耀》全明星联赛等。各种比赛丰富了虎牙直播的内容生态。

虎牙直播还将游戏置于生活中，在2016年举办了野外技能大赛“寻找中国贝爷”。看过《荒野求生》的人都知道“贝爷”，他以其生存技能被称为“站在食物链顶端的男人”。虎牙直播据此设置了赛事，以“如果你也想像贝爷一样勇敢冒险，就来挑战”为主题，并且设置了10万元的现金奖给冠军。这一技能大赛，不仅带动了“游戏宅”，还获得大批喜爱户外活动用户的关注。

虎牙直播不仅深耕游戏，还将触角伸到了户外直播。其推出的“户外主播”，吸引了大量素人通过手机直播摇身一变成为“户外主播”。2018年，“户外主播”的日活动人数就高达1000万人。“户外主播”有高效搭讪、旅游探险以及美女萌宠等类型，各种新奇有趣的内容层出不穷，这使得许多超高人气主播在短时间内诞生。

早在2016年，虎牙直播就实施了明星主播化战略，通过游戏直播和娱乐直播把明星玩家推到大众面前，使粉丝找到了与明星偶像之间的共同点，增加了用户黏性。

经过一系列的发展，虎牙直播的人气也开始上升。在2018年5月，虎牙在美国纽交所上市，成为中国第一家上市的游戏直播公司。在2020年2月11日，虎牙宣布开通

在线教育服务。

第四节 花椒：明星属性强的社交平台

花椒属于综合直播平台，一开始就以两头并进的方式发展游戏直播和泛娱乐直播。

与斗鱼 TV、虎牙直播不同的是，花椒直播是具有强明星属性的社交平台，不仅有众多明星入驻，还有全程直播见面会与明星选举活动等。

这使得花椒直播组成了包含明星、网络红人、普通 UGC（User Generated Con—tent，指用户原创内容）、普通用户四类人群的用户生态结构。

通过一系列的“造星计划”，花椒直播成为移动互联网时代的明星孵化器。这些“造星计划”打通了普通用户到明星身份转变的通道，使平台的主播成长为“网星”。

比如主播徐大宝参加《美丽俏佳人》录制后，开始作为演员出演多部影视作品。周然则应邀主持了《超级女声》的海选，何蓝逗甚至借助花椒直播参加超女并取得不错的成绩。她们通过花椒直播成为名副其实的明星，这也给那些想成为明星的人提供了舞台。

花椒直播还有很多精彩的内容，比如《玛雅说》《马斌读报》《徐德亮讲鬼故事》等上百档节目，这些均为平台主播自制，内容涵盖明星、主持、相声、体育、星座以及心理咨询和选秀等领域。也有一些入驻的电视台主持人和明星、社会名人在花椒直播输出自己的观点。

花椒直播还运用了先进的技术，让直播变得更有趣。

一、VR 直播

花椒直播的 VR 直播不仅能使用户看到更加真实的 3D 场景，还通过渲染层畸变算法处理，使用户在观看的时候减少眩晕感，从而取得更好的沉浸体验。并且还对网络传输过程和客户端进行编解码优化，这样使主播无论是在无线网环境还是 4G 网络环境，均能实现 VR 直播。花椒 VR 直播采用的是双目摄像头，并且还通过了手机陀螺仪数据以及技术优化处理。

VR 直播不仅提升了用户体验，还开启了直播界的先河。

二、脸萌技术

为了让主播在直播时更加有趣，花椒主播使用了脸萌技术，即通过人脸识别，将帽子、猫咪胡须、兔子耳朵和皇冠等多种表情直接戴在头上或者是出现在用户的脸上。不仅可以直接体现出用户的个性与心情，还能使拍摄的视频更加有趣。

三、变脸

花椒直播采用高于行业平均水平的特征定点，针对眼睛、眉毛、嘴角等关键位置的 95 个特征点进行精准检测，并且专门进行了产品优化，使面具能够在 10 毫秒之内追寻到人的脸部，就算用户移动或者做鬼脸，面具也会精准地定位并且随之变化。花椒直播之所以使用这一技术，是为了使细节能够呈现得更加完美。

四、美颜

为了把主播自己最好的一面展现给粉丝，花椒直播能够对用户的面部进行化妆、美白等。

五、回放

花椒直播在生产的内容丰富且精彩的情况下，为了使用户不错过任何一个直播，支持所有的直播视频回放。

六、省流量

为了节省主播和用户的流量，花椒直播在主播进行直播时，后台会自动进行视频压缩，粉丝看到的直播视频都是经过处理的，能节省一定的流量。

七、云存储

用户在看直播视频时，视频会同时上传至云端，不会占用手机内存。

第五节　快手：用户量超大的直播平台

快手的前身叫“GIF 快手”，成立于 2011 年 3 月，最初是一款用来制作、分享 GIF 图片的手机应用。

2013 年 7 月，“GIF 快手”从工具转型为短视频社区。由于产品转型，APP 名称中也去掉了“GIF”，改名为“快手”。

随着智能手机的普及和移动流量成本的下降，快手在 2015 年以后迎来市场爆发。

2017 年 4 月底，快手注册用户超过 5 亿，日活跃用户 6500 万、日均上传短视频数百万条。11 月，快手 APP 的日活跃用户数已经超过 1 亿，进入“日活亿级俱乐部”，每天产生超过 1000 万条新视频内容。

2018 年 9 月 14 日，快手宣布 5 亿元流量计划，在未来三年投入价值 5 亿元的流量资源，助力 500 多个国家级贫困县优质特产推广和销售，帮助当地农户脱贫。9 月 21 日，快手举办首期幸福乡村说，借由农村短视频网红的特产销售经历，宣传“土味电商学”。

快手的推荐算法用一个简短版本说，算法核心是理解。包括理解内容的属性，理解人的属性，人和内容历史上的交互数据，然后通过一个模型，预估内容与用户之间匹配的程度。快手直播的主要优势是用户量大。2019 年 5 月 29 日，快手日活跃用户已超过 2 亿。

目前，快手直播的劣势是用户消费力相对低。快手上的用户以青年为主，他们对价格敏感度高。目标客户如果是高端消费者，在快手做直播电商可能不太适合。

第六节　淘宝：“带货大杀器”

跟其他“直播＋带货”平台不同，淘宝直播走的是“带货＋直播”路线。淘宝开通直播之后，大多数店铺的流量和转化都有明显提高。根据阿里巴巴公布的 2020 年 Q2 财报显示，已有超过 50％的天猫商家正在通过淘宝进行直播卖货。

2019年“双11”全天，淘宝直播的成交额接近200亿，超过10个直播间引导成交过亿。其中家装和消费电子行业直播引导成交同比增长均超过400%。超过50%的商家都通过直播获得新增长。2018年全年，主播引导成交销售额27亿，2019年高达30多亿。

淘宝直播有哪些优势呢?

首先，展示更形象直观。淘宝直播是一种动态的视听直播的过程，之前的网上购物方式是根据图片和文字描述去选择商品和购买商品，淘宝直播可以通过直播展示产品，在产品的使用效果上或者是外观上可以体现的细节会比其他的方式更直观、更具体。

其次，互动更直接。没有直播时，店主与顾客也能通过阿里旺旺即时互动，但仅限于文字、图片交流。直播互动更直接，传递的信息更丰富，宛如线下导购。

再次，交流更有趣。不少淘宝主播能说会道，在购物的时候不光是展示产品，还能娱乐大众。有趣是直播的一项“美德”，在说说笑笑、轻松愉快的氛围中，顾客会更加乐意打开钱包。

最后，受众更广泛。直播这种一对多销售方式，能同时面向海量顾客进行推销与售卖。根据艾媒咨询的数据，淘宝一知名主播在2019年“双11”一天的销售额就达到3.3亿元。

要想在淘宝做直播电商，你首先要有一个淘宝店。在登陆了手机淘宝APP之后，搜索“淘宝直播”，在呈现的界面中点击右上角的“更多”，然后右击新出现界面点上方的三个点，接着会在新界面当中的最后一行看到“直播入驻”四个字，点击之后会出现申请页面，根据要求按照实际情况进行填写并上传所需要上传的相关照片和视频就可以了。

审核通过之后，你就可以做直播了。如果你不想上镜，也可以找淘宝达人合作。

第九章　直播电商需做足准备

直播开始之前，主播需要提前学习网络直播的知识，不打无准备之仗。比如，这场直播的观众定位，他们喜欢看的是哪种类型的内容，他们看这场直播的目的是什么，主播应该怎么样做等。只有了解了这些基本知识，再充分地迎合观众，主播才能达到直播目的。如果没有提前了解，那么在做直播时，就会不可避免地造成不知道说什么的尴尬场面，这不仅会使粉丝流失，甚至还会对品牌产生一定的负面影响。

第一节　直播电商的模式

现在视频直播主要分为秀场模式、游戏模式和泛生活模式三大类。

一、秀场模式

目前最知名的直播模式就是秀场模式。秀场模式衍生于视频聊天室。

有不少人认为秀场模式是美色经济，即利用美色吸引异性用户，形成吸引客户——激励客户——用户付费的完整供应链。然而并非如此，秀场模式的主播一般是帅哥美女，以高颜值配合才艺，通过聊天、唱歌、跳舞等内容吸引大量用户。

现在的秀场模式中，国家监督机制已经杜绝了一些主播们的出格表演，所以并没有所谓的美色吸引。有调查显示，在秀场模式中，男性主播占据了大咖的大部分。那么，到底是什么吸引那么多观众参与到秀场模式中来呢？

答案很简单，是归属感。

年轻一代看中的是参与感，他们并不满足于看到你，而要能够参与进来，与你一起成长。最明显的例子就是主播参加活动，再带动粉丝进行拉票，这个时候已经由原来的艺人和粉丝变为了“患难与共”的队友。

这种模式提高了粉丝的归属感，进而增加了粉丝与直播平台的黏性。正因如此，秀场模式才能吸引很多的观众参与进来。

虽然在秀场模式中，主播可能会享受到如同明星一般的待遇，但是他们与明星之间依然有着本质上的区别。

在秀场模式中，粉丝和主播是相通的。粉丝能够非常方便地与主播互动，粉丝可以在主播进行直播时进行评论，而主播也会根据粉丝的要求表演相关的内容。但是粉丝和明星之间的沟通只能通过第三方的媒介，粉丝无权要求明星做任何事，但是粉丝却要为明星的某些活动买单。

主播和明星获得报酬的方式也是不一样的，主播的报酬来源于粉丝的打赏，以及与直播平台签约等方式，而明星获得报酬的时间长，拿到报酬的方式也较为复杂。秀场模式充分挖掘了每一位粉丝的付费意愿，在拉近粉丝与主播距离的同时，也增加了平台与粉丝之间的融合性。

秀场模式最值得举例的便是YY平台。YY平台采取工会机制，利用庞大的普通用户刺激“土豪”的产生，使“土豪”拥有成就感和荣耀感，进而促进其消费。

这也是目前国内大部分秀场平台获得商业收益的核心策略。正是因为秀场模式依靠了良好的变现方式及互动特点，才能吸引大量的主播和观众进入平台，才能使平台采取各种形式增加用户之间的黏性，并刺激粉丝进行消费。

二、电竞模式

在江西南昌，有一位12岁的小男孩，他很喜欢打游戏，于是开始直播游戏，这位小男孩上线直播时，观看人数高达6万，后来甚至一度高达14万。而他通过直播，月收入已达到3万元，并且还获得了职业赛队的邀请。

在以前，玩游戏的人会被称为玩物丧志，而现在，只要游戏玩得好，不仅能轻松养活自己，甚至还能养活家人。喜欢游戏的玩家对于游戏玩得好的主播，根本不吝惜自己的钱，看到激动之处狂刷礼物打赏。也正因为有大批人喜欢玩游戏，并且不在意打赏的金额大小，使得游戏直播成为非常赚钱的职业。

企鹅智库发布的2019全球电竞行业与用户发展报告显示，2019年中国的电竞用户预计突破3.5亿，产业生态规模达到138亿元。2019年7月，艾瑞网发布了《2019年中国游戏直播行业研究报告》。报告显示，2018年游戏直播市场规模达131.9亿元，较2017年增长超过60%，预计到2020年规模将达250亿元。随之，游戏平台用户规模增速也将同步放缓。2018年，中国游戏直播平台用户规模达2.6亿人，预计2019年规模将达3.1亿。

从这些数据我们可以看出，游戏模式在直播平台越来越受欢迎。平台也越来越注重游戏直播这一板块，而且还有一些平台主打游戏竞技直播。

游戏直播模式与其他的平台不一样，所以收入也有所区别。游戏直播模式主要是依靠广告、游戏和虚拟道具来盈利。

和秀场直播相比，游戏直播模式虽然出现得比较晚，但因为其具有独特的趣味性和高黏性的优势，赢得了许多游戏迷的支持。并且游戏直播模式不仅拯救了被主流行业排斥在外的电竞行业，还借此使游戏直播成为直播产业中不可忽视的一股力量。在目前的三种直播模式中，游戏模式受欢迎的程度仅次于秀场模式。

三、泛生活模式

在秀场模式和游戏模式之外，原本属于小众直播的泛生活模式悄悄盛行。当人们开始注重分享与陪伴时，其也被称为视频直播的新引擎。越来越多的人希望将自己的生活搬到摄像镜头前。

这种模式迅速崛起，比如趣播、花椒、富秀云播等，泛生活模式最大的特点是，直播内容转向了移动的全民化，并且高度去 PC 化。

现在，泛生活模式已然从小众行为变成大众行为。它之所以能迅速崛起，就在于泛生活模式直播的受众投递精准，可以满足现代人的需求，所以占据了极高的市场率。并且还以直播与广告电商结合的方式，催生了更加丰富的盈利模式。

现在三大模式谁能称王还值得期待，无论是泛生活还是游戏，又或者是秀场模式，还是会有新模式异军突起，都是值得期待的。

第二节　主播服装颜色的搭配

主播在选择颜色时应当做到主次分明，而对主色的选择应当依据自身的肤色来定，毕竟不是所有的颜色适合所有的人。中国人虽然属于黄种人，肤色总体偏黄，但根据肤色的色彩偏向又可以分为几种：偏白、偏黑、偏黄、偏红。根据不同的肤色倾向，搭配不同的服装色彩，这样才有助于塑造主播的最佳形象。

以下是不同肤色的服装选配：

一、肤色偏白

肤色偏白的人能够搭配多种颜色，但需要这些主播注意的是尽管选择色彩的范围比较宽泛，但是为了让自己的面部看上去红润，不要显得苍白，还是应尽量避开纯白等冷色调颜色。

二、肤色偏黑

肤色偏黑的主播适合纯度较高的深色，在使用鲜亮的紫蓝两色时要保持谨慎。应当避免使用浅黄、粉红等明亮的浅色，因为肤色偏黑的主播选择较明亮的色彩时，自身的肤色会因为强烈的对比而显得更深。此外，金、银色调颜色单一，同样适合肤色偏黑的主播。

三、肤色偏黄

为了避免脸部呈现出面黄肌瘦的菜色，肤色偏黄的主播应当避免使用绿色，同时由于紫色会和黄色形成互补，造成面部暗沉，所以肤色偏黄的主播也不适合紫色。此类主播适合白色、灰色等浅色柔和色调，还适当点缀鲜亮色彩。

四、肤色偏红

深浅灰、浅驼、浅蓝等色比较适合肤色偏红的主播，同时这种类型的主播谨慎使用暖色。而绿色作为红色的互补色，一旦同时使用会使红色显得更加突出，造成很不协调的对比，所以为了使这部分主播看起来不显得艳俗，应当避免鲜亮的绿色。选好了主色调，接下来还应选好合适的点缀色，只有两种颜色做到相辅相成，色彩的魔力才会发挥到最佳状态。

各种颜色的搭配汇总如下表：

主色		搭配色
淡色	白色	黑色、所有深色、鲜艳的色彩
	浅米色	黑色、红色、褐色、绿色
	浅灰色	褐色、红色、深绿色、深灰色
	天蓝色	褐色、紫色、米色、深绿色。深红色
	粉色	米色、紫色、灰色、藏青色
	浅黄色	黑色、褐色、灰色、藏青色
	浅紫色	褐色、探紫色、藏青色
	浅绿色	红色、探绿色
探色	黑色	米色、白色、粉色、柠橡黄、天蓝色
	褐色	白色、米色、黑色、橙红色、橙绿色、深绿色
	探灰色	米色、黑色（所有浅色和艳色）
	藏青色	白色、紫色、紫红、鲜绿、柠檬黄、紫松色
	探绿色	白色、米色、天蓝色、鲜红色、浅黄色
	探紫色	天蓝色
	探红色	褐色、米色、天蓝色

续表

主色		搭配色
鲜艳色	蓝色（泛紫）	黑色、白色、鲜绿色
	绿松色（蓝色泛绿）	白色、棕黄色、藏青色
	绿色（偏蓝）	黑色、白色、藏青色
	绿色（偏黄）	白色、米色、棕黄色
	金黄色	黑色、白色、褐色
	柠檬色	黑色、白色、橙色、深绿色、淡粉色、藏青色
	橙色	白色、黑色、柠檬色、深绿色
	紫红色	白色、藏青色
	新红色（朱红色）	白色、褐色
	紫色	白色、褐色、粉色、天蓝色、绿松色

最后，当你实在不知道该如何搭配颜色的时候，还有以下两个原则可以参考。

原则一：全身色彩以三种颜色为佳。当你并不了解自己风格的时候，身上不超过三种颜色的穿着，至少能保证不会让你出大错。一般整体颜色越少，就越能体现优雅的气质，并给观众鲜明清晰的印象。

原则二：色彩搭配有主次之分。全身服饰色彩的搭配的面积要避免 1∶1，尤其是穿着的对比色。一般以 3∶2 或 5∶3 为宜。

第三节　几种经典衣服搭配

合适的搭配可以提升主播的气质，不合适的着装则会使主播的形象大打折扣。下面就从男女两个角度给大家介绍几款搭配：

一、男主播

1. 连帽卫衣＋运动裤＋板鞋。

连帽卫衣休闲运动的版型设计，具有校园气质的衬衣款式，凸显超强的时尚感，下身穿搭运动棉质长裤，展现校园达人气质，衬托上装卫衣与衬衫款式搭配的风格，再穿一双板鞋，这种男装圆领卫衣搭配的整体画面就是在塑造一个气质男。

2. 半开襟短袖T恤＋军绿休闲裤。

半开襟短袖T恤本身具有大多数T恤衫贴身凉快的优点，同时还能展现出男士健硕宽广的胸肌，给人以时尚、立体的感觉，在直播间穿着这样一件衣服，会令男主播变得成熟而有魅力。而军绿色休闲裤和短袖T恤的搭配则成就了一种经典款式，因为这样的搭配将衣服的颜色和款式完美地协调在了一起。

3. 格子衫＋白长裤＋小白鞋。

休闲中又透着十足型男味道的搭配，绿色、白色、灰色的格子交织，搭配一条白色的长裤，再加上小白鞋，干干净净的风格着实让人着迷。

二、女主播

1. 淑女风的夏季长裙搭配

凸显气质又很优雅的长裙适合走成熟知性路线的主播，时尚而又性感，并且超级凸显身材，穿上身很有女神的气质，脚上搭配一双裸色高跟鞋，极具时尚感，再手提一个立体复古的小包，超级有范。

收腰修身的连衣裙款式会让你在直播过程中尽显女神风范，简约而不简单的设计让人过目不忘，配上复古穿法的袜子与尖头鞋的搭配更具时尚感！

2. 白T恤搭配短裙

小清新的搭配总是能第一时间吸引观众的眼球，如果你认为自身的气质适合小清新的装扮，那么一定不要错过这款小清新搭配，白T恤＋短裙清凉而又好看。

这是完全不挑身材的装扮。将白T恤的一角随意扎进裙子里，优化了身材的比例，显瘦的同时又显高，即便脚下踩着一双平底鞋也不用担心。再加上田园风小清新的碎花半身裙，这么好看的一款裙子，相信很多喜欢田园风的观众都会喜欢的，高腰设计，能够很好地拉长身材比例，配上腰带，显得更加好看。

3. 短款T恤＋牛仔半身裙

女主播要想充分显示自己的形体美，短款T恤、短裙都穿起来就对了，这身甜美又清爽的搭配，观众难道不喜欢？可爱的短T恤，搭配不规则的牛仔半身裙，显高又显瘦。

个头较矮的女生更适合这种搭配，因为穿短款的上衣会使身材比例得到拉长，再加上一双随性的懒人鞋，无论是穿上去还是看上去，都会给人很舒服的感觉。如果你是牛仔控就更好了，牛仔半身裙更能显瘦遮肉，怎么看怎么显得有个性。

第四节　不同场景下的机器配置

直播并不是随手拍一段视频，需要专业的设备进行后台支撑，并且不同的场景需要用到的机器配置也是不一样的。

一、室内直播

通常我们所见到的室内直播分为两种，一种是用手机进行直播，另一种则是利用电脑进行直播。

1. 手机直播

移动互联网时代的今天，利用手机进行直播的用户越来越多，对于这类群体来说，直播时的配置应该按照以下几点进行。需要提前准备一台运行速度快、像素高的手机，这样才能保证直播时画面可以达到最佳的状态。如果想要自己的声音变得更加动听，或者是在直播的过程中使声音呈现多种效果，主播还需要准备一张手机直播声卡。另外还需要准备的是电容麦克风。这种麦克风具有体积小、重量轻的优势，如果主播需要走动或者唱歌、跳舞等，就一定要准备电容麦克风。但是需要注意的是，要距离话筒远一些，以防喷麦，即录音时距离话筒太近，嘴里喷出的气息使话筒噗噗作响，影响录音效果。

2. 电脑直播

使用电脑直播的主播，最好是提前购置一台台式电脑，并且配置要高一些。因为高配置的电脑性能会更好。还需要准备两台显示器，一台用来做直播，另外一台则用来与粉丝交流互动。

与手机直播相同的是，电脑直播也要准备麦克风，并且麦克风是电脑直播时的必备装置，无论是唱歌还是聊天都必不可少。另外还需要准备像素清晰的摄像头。

室内直播是直播中最为常见的一种直播方式，选择正确的直播机器，是迈出网络直播关键的第一步。

二、室外直播

室外直播是最为简单的直播方式，主播不需要准备过多的机器设备。如果利用手机进行直播，只需要准备充电宝、三脚架和自拍杆等就可以了。如果是用电脑，那么一定要选择轻便的电脑，其他的设备和室内相同，即摄像头、声卡、耳机、话筒等。室外直播最重要的是简单轻便，所以建议选择手机进行直播。

第十章　直播技巧

直播正迅速成为品牌推广和销售转化的重要工具。本章将带您深入了解如何高效地进行直播，涵盖从设备选择与布局，到主播开播前后的关键操作。我们将深入探讨如何利用直播设备打造专业的视觉与听觉效果，如何在开播前做好准备，以及如何通过巧妙的直播电商策略，实现与观众的互动和销售的最大化。无论您是初次尝试直播，还是希望优化现有的直播策略，本章将为您提供实用的指导与技巧。

第一节　直播设备及布局

工欲善其事，必先利其器。一场人气爆棚的直播离不开直播设备的支持。我们详细地谈一下电商直播需要哪些设备以及直播间设备的布局。解析直播间幕前幕后的各种技巧和增加热度的方法，以便更好地通过直播获得收益。

一、直播设备

直播的方式和应用场景非常多样的，比如像家居电商直播，需要每个地区门店都能独立开播；再比如像大型集团各地分公司需要同时进行直播培训；甚至教育培训直播需要满足老师在家就能直播上课的需求……

面对不同的直播需求，不同的应用场景，许多人往往会产生疑问：做直播需要什么设备？但是在选择直播设备之前，更应该想清楚的是，你要用什么直播方式来做直播？

目前电商直播主要是三种方式：摄像机直播、电脑直播和手机直播。

1．摄像机直播

摄像机直播是我们最常见到的直播方式。使用专业的摄像机＋视频编码器可以保证较高的直播画面质量，实现高清画质直播。但专业的摄像机价格较高，学习机器使用培训的时间成本也较高。但摄像机的镜头可以全场景展现，因此摄像机直播多用于大型电商活动直播和融媒体直播。

利用摄像机直播需要准备如下设备：

（1）摄像机

通过专业摄像机拍摄的视频具有清晰度高，对焦准，色温色差均衡，画面更加稳定。同时，摄像机可以提供稳定的高清画面信号。

（2）收音设备

小蜜蜂：小蜜蜂可多发一收，多音源相互不干扰，设备小巧便于携带。

麦克风：麦克风可加强直播内收音效果，降低环境噪音。

调音台：调音台可更专业地处理声音，并融入背景音乐，提升整体声音收听效果。

（3）编码器

编码器可以将摄像机输出的视频信号进行编码转化为数字信号。

（4）电脑及直播平台

可将直播画面通过电脑推流至微赞直播平台，然后展现给观众。

2. 电脑直播

说到电脑直播，许多用户的第一印象就是直播画中画。的确，画中画直播多是利用电脑直播来完成，通过电脑自带或外接的摄像头进行直播画面显示，同时捕捉 PPT 画面，这样观众通过直播不仅能看到主播本人，而且能看到主播电脑分享的 PPT 文件。

这种电脑直播画中画的形式，可以极大程度地提高直播过程中的互动体验，直播效果更专业。因此教育直播和培训直播更倾向于用电脑实现 PPT 画中画的直播形式。

利用电脑做直播也很简单，需要准备的设备有：

（1）笔记本电脑

使用自带摄像头的笔记本电脑进行直播可以不用外接摄像头，当然也可以外接高清摄像头，这需要根据自己的直播需求进行配置。

(2) OBS 软件或微赞互动课堂

OBS 是一款直播软件，在利用电脑做直播的时候，可以很方便地抓取电脑屏幕上的内容，比如文档、摄像头等。如果是教育培训直播，则更推荐使用微赞互动课堂，因为微赞互动课堂可以一键开播，具有直播参数预设，可以便捷简单地实现 PPT 画中画和白板效果。

(3) 收音设备

可以使用外接麦克风，增强电脑的收音效果，降低环境噪音，使用带有麦克风的耳机也是可以的。

(4) 直播平台

需要获取直播平台的推流地址，将直播画面推流展现给观众。常用的直播平台有抖音、淘宝、快手等。

3. 手机直播

以往手机直播更多的是呈现在泛娱乐直播场景上，但随着直播的深入发展，手机直播已经越来越深入人心，原因就是手机自带拍摄功能，想要实现直播功能只需要下载直播软件，非常简单。

手机直播性价比高，灵活性强，操作步骤也简单易上手，因此成为大多数电商直播和企业内训直播的最佳选择。

那么，如果要用手机做直播需要准备什么设备呢？

(1) 手机

使用手机进行直播拍摄，最好选择市场上摄像功能较好的手机。

(2) 手机三脚架

使用手机三脚架的目的是稳定防抖，让直播画面更稳定清晰。市场上的手机三脚架类型多样，企业可根据自身需求来做选择。

(3) 收音设备

可以使用手机外接麦克风，增强手机收音效果，降低环境噪音，使用带有麦克风的耳机也是可以的。

(4) 无线网络

使用无线网络进行直播，可使直播更加稳定清晰，避免室内4G网络信号干扰问题。微赞直播APP手机开播还可以设置“高效聚合传输”模式。这是微赞的独家技术，通过高效模式聚合网络，支持有线宽带+WI-FI+4G三种网络同时传输，可有效保障推流网络的稳定，避免单个网络异常就发生断流的问题。

(5) 手机直播软件

现在快手、抖音、淘宝直播等许多APP都可以做直播。那微赞直播作为专业的企业直播服务商，可以打造私域流量池，因此受到许多直播执行和企业的青睐。

如果是在微赞平台上做直播的话，就需要先下载微赞直播APP，并使用微信授权直接登录微赞直播APP，然后将直播画面推流至微赞直播平台，继而展现给观众。

二、直播间布局

1. 直播背景

(1) 直播间建议20—50平方米。一般是用不反光的墙纸加地毯（吸音），适当搭配沙发和小布景。

(2) 角度一般选择墙角，但墙缝不能在中间三分之一区域。条件还暂时不具备者，可用窗帘作为背景。

(3) 不建议出现：跑马灯、LED光板、脏乱差物品、换下来的样衣。

临时替代方案：选择干净整洁的背景，灯光明亮，例如深色纯色窗帘或背景墙。

2. 灯光

通常情况下，一个比较好的直播间光源会有两部分组成：顶灯和主播补光灯。

注意：不建议室内采用自然光源。

(1) 顶灯

顶灯一般是两到三个有间隔的主灯，配合8个以上不同角度的小灯。

主灯一般用暖白色，小灯用白色和暖黄色搭配。光要亮，但不能只有一个主灯源，以主播身后没明显阴影、商品镜头下无较大色差为准。

（2）主播补光灯

补光灯主要采用 LED 圆形补光灯、柔光箱两部搭配使用。其中圆形补光灯一般 2　3 个，直播机位一个，其他根据实际灯光调整直播间亮度平衡。

临时替代方案：临时买或借用两盏圆形补光灯，依据实际情况找个光线充足的角度。

3. 隔音及其他

（1）直播间隔音性能要比较好，附近无其他声音干扰源。

（2）直播镜头以外地板和墙壁要做到无回声，其中地板上可以用地毯来解决。

（3）墙壁隔音不好的加装隔音棉，墙壁光滑的加装吸音棉或布帘、隔断。

（4）直播间要尽量保证不受外界干扰、无关人员尽量不要进入直播间。

临时替代方案：寻找收音好，相对封闭的场地，避免临时突发噪音干扰直播。

三、人员配置

1. 主播选择（倾向选择女性，男性可做相应调整）

（1）语速较快，口齿伶俐，吐字清晰，音量响亮但不刺耳。

（2）性格偏外向，反应敏捷，语句有感染力，有目光和手势动作搭配讲话习惯。

（3）身高建议160—170 cm之间，163—166 cm最好，身材比例协调、胯和小腿较纤细（大码等除外）。

（4）长相有亲和力，清秀甜美，能快速受到女性客户信任为佳。

2. 助播选择

直播间安排主播可以采用AB角制：一个主播，一个助播。当主播有特殊情况时，助播可临时作为主播替补，助播的选择标准原则应和主播相一致。

3. 运营选择

运营人员要求有数据分析能力，有策划能力，懂点击率、转化率等概念。

临时替代方案：主播找颜值高，口才好，反应灵活，性格开朗的员工担任。还需至少配备一位助理，协助主播换衣服，与粉丝互动。最好再有一位助理做好店铺及直播操作。

第二节　主播开播操作须知

一、直播发布

1. 明确是否有直播限案例：淘宝运营

首先需要明确自己是否有发起直播权限。复制并浏览下面网址，直接打开进入淘宝直播中控台。

进入中控台后，登录淘宝账号，在右上角点击“我的权限”，看到如下页面，那么恭喜您，您已经获得了淘宝直播的权限。

2. 直播发布流程

目前淘宝支持手机端和 PC 端，发布直播及直播预告。

（1）手机端

手机下载“淘宝直播”APP，登录并点击“创建直播”或者“创建预告”。填写完整的信息，即可发布直播。

（2）PC 端

进入淘宝直播中控台，进入“发布直播”界面，发布直播流程如下。

第一步，选择直播类型。一般是选择整屏直播间，选择好后进入“下一步”。

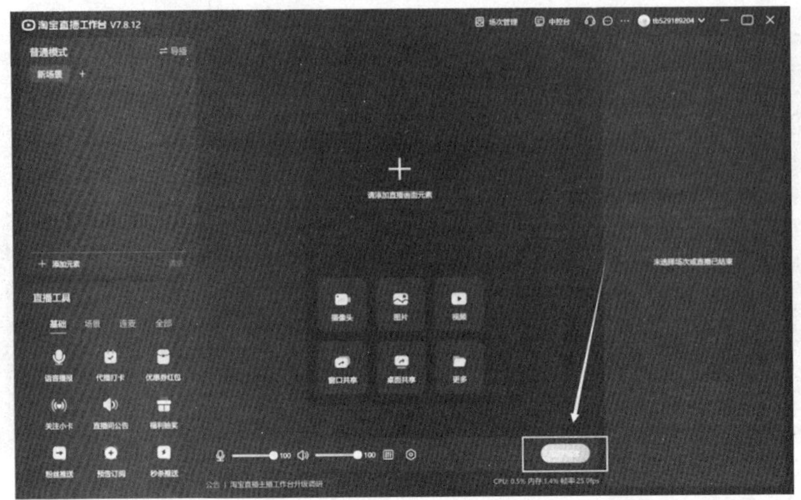

第二步，填写必要信息。其中直播开始时间，如果不是现在开始，表示将作为直播预告发布。填写完所有信息后，点击“下一步”。建议“推荐宝贝”一栏，添加 9 个店铺宝贝，参考维度：销量、当季主推。评价、对应直播主题产品。

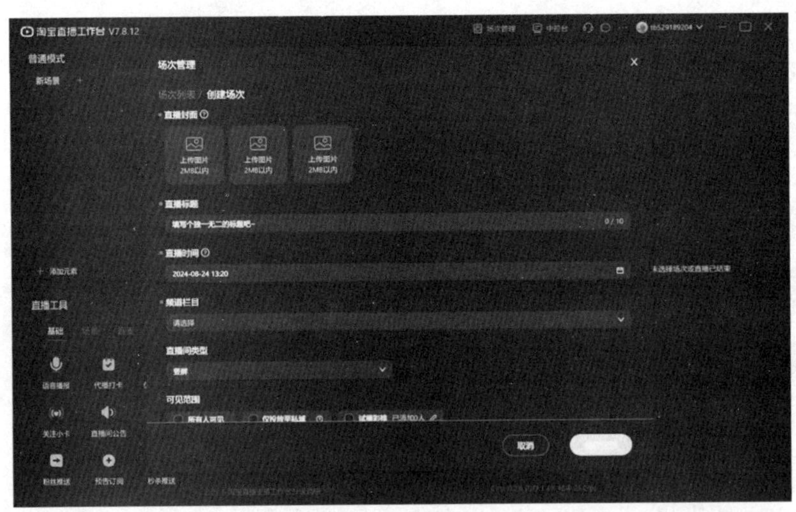

第三步，添加预告视频。直播内容展示位（展示的效果后台有。这里如果选择展示，需要按引导填写必要的信息，可以选择店铺商品或者店铺信息。展示结果会在预告详情页上），填写完毕，点击“下一步”。

第四步，确认信息是否有误。确认无误后，点击确认提交信息，5 秒后自动跳转到直播阶段的后台页面。

(3) 有效发布直播

每一次直播，都要做好充分准备，提前发布“直播预告”。清晰的主题和直播内容，能让用户提前了解到直播内容，同时便于淘宝工作人员挑选出好的直播内容，进行主题包装推广及直播广场浮优操作；并且帮你的直播内容进行用户匹配，获得更精准的用户流量。

审核通过的，可以出现在直播频道里，更重要的是你的预告视频还能展示在手淘首页，这意味着有亿万用户将触达你的直播。同时，对应的直播间会个性化地展示在频道精选流的第一个。当然前提是你的预告要符合要求，并且在直播当天 16 点前发布，否则可能将不予审核。

二、直播细节（问答形式）

1. 开始直播要注意什么？

答：(1) 手机开飞行模式或者勿扰，就是不能接电话的意思；

(2) 保持网络 WI-FI 畅通；

(3) 封面图不要出现“牛皮癣”。

2. 直播过程中怎么屏蔽广告？

答：主播点击发广告人的账号，点击屏蔽。

3. 用户说直播卡/或听不见我的声音怎么办？

答：一定要保证电量充足，准备好一部备用手机。不能边充电边播，会很卡。很卡但还没有断开的情况下，可双击 home 键，退出手机淘宝进程，再重新打开进入，恢复该直播，可缓解卡顿问题。

关于听不见声音：请您确认手机未在静音、震动模式；确认手机淘宝可访问您的麦克风。

4. 直播时有电话打进来怎么办？

答：三分钟内可以在直播界面上选择返回直播间。

5. 淘宝直播中的商品链接可以修改吗？

答：淘宝直播视频是实时发送的，目前不支持商品链接的修改。

6. 如何查看之前的直播回放？

答：淘宝直播的回放您可以进入“手机淘宝”——“淘宝直播”——“个人主页”中找到往期直播记录进行查看。

7. 直播频道中浮现相关的位置规则？

答：点赞数、观看人数、关注人数、直播频率、内容精彩程度等相关维度会影响到直播的位置排名。

8. 主播可以换人吗？

答：禁止换人播或账号外借。认证的主播本人必须经常出面，不得出现借用。经常更换认证主播的特殊情况如品牌代言人、明星、大咖来直播。可与工作人员沟通说明清楚，避免封号。

9. 为什么在没有网络问题的前提下，直播间就突然消失了呢？

答：直播间突然消失排除网络问题导致的信号中断的情况，也可能是因为直播内容、封面图、主播存在违规行为。淘宝直播 24 小时都有工作人员巡查直播间。内容规范要求请在相关网页中找，严重的情况将直接取消直播权限。

第三节　直播电商技巧

一、直播带货五步销售法

无论是电视购物主持人，还是超市导购员，还是美容院顾问等，想要把东西卖出去，需要的技能均可以用 8 个字概括：深研人性、投其所好。

电商主播也是如此，要将语言和人性结合起来，比如一些主播在推荐产品时，会不时向大家丢糖衣炮弹，发放一些优惠券、抵用券，当你被各种甜言蜜语包围，一旦沦陷，到最后甚至不知道自己买了多少东西。

语言对于销售的达成至关重要，那么如何拥有这项能力呢？

总的来说，要想提高销售时的语言能力，需坚持“一万小时定律”：不停地说、不停地模仿、不停地创新，这三点就是成功秘诀，主播销售能力的训练并没有捷径可走，谁对自己更狠，谁就更容易成功。具体而言，需要掌握以下五步销售法：

1. 提出问题

结合消费场景，提出消费者的痛点、需求点，给消费者一个买你家产品的理由。比如夏天时，防晒很重要，在推荐防晒产品前，要注意先铺垫，讲讲自己的感受和困扰（今天又是一个暴晒天啊，真羡慕那些皮肤怎么晒也晒不黑的人，我的皮肤一晒就黑，真是痛苦……），聊天式地提出问题，并让这种“问题”成为活跃直播间的话题。

2. 放大问题

注意全面和最大化，将大家忽略掉的问题尽可能地放大出来，比如将不做防晒的危害放大到一个高度，把晒黑上升到变丑的地步，而且紫外线有很多危害，会加速衰老，好可怕!

3. 引入产品

以解决问题为出发点，通过引入产品解决上述提出的问题。比如通常有哪些防晒的方法呢，可以穿防晒衣、擦防晒霜、用防晒喷雾，逐一推出产品。强调一点，此时不要详细介绍产品，吊足观众胃口，留住悬念!

4. 提升高度

详细地讲解产品，并通过行业、品牌、原料、售后等方面增加产品附加值。此时是展示丰富专业知识的阶段，让粉丝对产品产生一种仰视的态度。

5. 降低门槛

此时可以兴奋地讲解优惠信息、独家稀有资源等，降低顾客购买的心理防线，俗称“临门一脚”。比如一些主播卖东西，到最后都会很激动，兴奋地告诉大家优惠信息，并吆喝着大家：“太实惠了吧!”

二、直播话术

很多人刚开始做直播，往往会遇到很多问题，比如不知道怎么互动，直播间经常冷场，观众本来就不多，再一冷场，不知道说什么，那就更不用说怎么吸引新观众了。我们需要怎么做？下面就给大家讲解一下。

积攒话题：对于聊天话题，主播平时就要善于抓住实时热点，热播电影，重大事件都要略知一二；好玩的、有趣的段子要记在心中。

适度互动：如果大多数时间都是主播在唱歌或者说话，那么观众多半感觉不到很大的参与感，从而渐渐没了继续互动下去的欲望。

下播期间：和观众的互动也不能少。空闲时，我们可以和观众在群内聊聊天，多在自媒体发布自己的日常动态，让观众觉得受到重视。还可以多看看排名靠前的同类型的主播，吸收他们的长处为自己所用。

1. 自我介绍篇

直播话术从开场就需要注意，开播时会陆陆续续有人进入直播间，主播可以看到观众的等级和名字，因此我们可以用这些话术：

(1) 大家好，我是一名新主播，今天第 X 天直播，谢谢大家支持。(简洁型)

(2) 欢迎各位帅哥美女来到我的直播间，进来直播间的是美女，还是帅哥呢？刷刷评论让我看到你！

(3) 千山万水总是情，我是××你爱不爱！朋友，××了解一下！帮忙点个关注，感谢有你。(语气轻快)

(4) 我是××，青春靓丽，吹拉弹唱样样强，还有一身正能量！感谢大家前来捧场！(配合动作)

主播开场话术对整场直播有着抛砖引玉的作用，应做到一开场，便可吸引到观众的注意。一些主播直播开场经常这样说：Hello，大家好。我们的直播开始了。Hello，我们来了，我们来了，我们来了！谢谢大家的支持，谢谢你们运用重复强调法，借助自己饱满的热情，简洁明了，切入主题，瞬间吸引广大粉丝的注意力。这为后续直播进程做好了铺垫。

2. 关注话术篇

当观众进入直播间之后，怎样通过一些话术，让他们顺手关注你的直播间，为直播间"涨粉"呢？那就是不时地给自己打个广告，不断给新观众传递自己的直播简介。比如：

(1) 感谢××的关注，还没关注的抓紧点关注哟，主播每天给大家带来不同惊喜哦！

(2) 关注一下主播，主播每天×点分享××(根据自己的定位，每天分享有趣的内容或者实用的技能等)，喜欢主播的可以帮忙分享一下！

观众关注你的直播间，肯定是想在你的直播间里得到些什么，收获些什么。比如想在你的直播间能获得短暂的快乐，或想在你的直播间里学到什么，又或者想在你的直播间买到最实惠的衣服或者其他东西，因此关注话术中要能透露出你能提供给观众的价值。

在讲完开场白之后，紧跟着引导粉丝关注、转发、分享评论。他在直播时通常会说："我们先来预告一下今天晚上的产品有哪一些好不好？赶快帮我们转发一下，右下角有个转发按钮，可以转发我们的直播间出去。然后呢，也可以在群里面吼一下，说佳琦的直播开始了。好不好？谢谢大家。"这样自然亲切的话术会快速增加直播间的人气。

3. 追单话术篇

很多观众在下单时会犹豫，我们就需要我们用追单话术，来刺激用户下单。我们可以这样说：

（1）线上抢购的人数多，以收到款项的时间为准，大家看中了抓紧时间下单啦！

（2）这款数量有限，如果看中了一定要及时下单，不然等会就抢不到啦！

（3）这次货品折扣仅限本次活动进行时间，错过了，我们就不会再给这个价格啦！抓紧时间！

（4）我们这款产品只有10分钟的秒杀优惠，喜欢的朋友们赶紧下单啦！

（5）还有最后三分钟哦，没有购买到的亲赶紧下单！

直播的不同时间段，观众对主播的不同需求，话术的侧重点也不一样。这就需要我们锻炼自己的话术技巧，下面就为大家分享一些简单的话术思路。

样品价：这个产品，我们仓库还剩50箱，我们就按照样品的价格处理给你；

活动价：我们昨天有一场很大的活动，折扣非常大，你昨天怎么没有来呀，我可以按照折扣的价格给你，因为我们的单子还没有录，我把单子的时间也写在昨天好不好；

厂家补贴：厂家补贴呀，享受厂家补贴减300，我们这个还真的没利润了，如果不是厂家的，基本不会降价的；

满送：满1000送××，××今天不要钱；

折扣：列原价和优惠价对比，突出给到顾客最优惠的价格；

开播/下播生意：大哥，这是我们今天直播的第一件单品，我们申请一个优惠价格××，下播生意也是如此；

折扣对比：比折扣，两个折扣放在一起对比，表示特价已经非常便宜；

产品拆分：很多产品都会有套餐，比如打折在一起是7000，但是套餐会更便宜，顾客就不好还价；

赠送礼品：礼品赠送，我们买多少送多少，我还会私人赠送你一个小礼品，不要让顾客觉得是他应得的；

老客户让利：你已经是第二次来我们这边，一定会有优惠或者直接返点；

老客户转介绍：你是他的朋友，一定有优惠给你。我会拼力去跟我们的领导申请价格，你就放心好了；

配件价格：我们会把配件包装得很好，说这些配件你买起来都要很多钱，我可以赠送给你，列出原价，让他看到优惠，不要一下子全部省掉，可以先给打八折，可以再想其他办法给予优惠；

未达团购金额：（赠送凑满金额，享受折扣价）金额还没有满，但是我还是送你一个吧，帮你做个单；

品牌对比：品牌植入法，您选择了好的品牌，就得到了保障，好的品牌企业文化和人文关怀不是小品牌能比拟的；

寓意对比：作对比，您选的东西不一样，品质不一样，拿奥迪与奥拓做类比；催眠法：带着顾客去想象，比如，说这个产品装到你家里是什么效果；

转发/宣传：转发直播间优惠，或者好评，口碑宣传，我们就可以给你优惠；

低价换高价，便宜差价：在不让价的过程中，更换一些原价比较高的产品，这些差价都给你了，只要你多介绍一点顾客给我就好了；

联盟价：联盟品牌，多个品牌一起是多少钱；

详细列单价：我们会把我们的原价还有活动价都列出来，以及折扣价都列出来，给客户看到三个价格，从这三个价格直接看到落差；

连单送礼：连单送礼，买三样可以送一个很大的微波炉；

新品体验价：这一款是刚到货的新品，新品货源不是很充足，是一个概念款，看你喜不喜欢；

秒杀：现在是两点半，三点准时秒杀，只有 5 个名额，一定要抢哟。

优质的催单话术会有效刺激粉丝的购买欲，增大直播带货的收益。优秀的催单话术可谓是促进直播间销售的制胜法宝。带货他们会经常会说："还在等什么，这么优惠的价格是我们以前没有过的，抓紧去拍吧！"以略带夸张的语气，运用重复强调法，通过亲测产品效果，增加产品说服力，大大促进了产品走单量。

4. 直播带货十问话术

问题（1）：××号宝贝试下

分析：提出试穿要求的，说明观众对该宝贝产生了兴趣，需要耐心讲解话术：××小姐姐，点左上方红色按钮关注主播。我马上给你试穿哟！

问题（2）：主播多高，多重？

分析：粉丝想了解自己穿搭的效果。

话术：主播身高××体重××穿××码。小姐姐也可以看下我身后的信息牌，有什么想看的可以留言，记得关注主播。

问题（3）：身高××能穿吗？体重××能穿吗？

分析：直播中经常会有人提到，需要耐心解答。

话术：小姐姐报一下具体身高体重，我会给你合理建议哦问题

问题（4）：主播怎么不理人不回答我问题。

分析：出现这样的情况，安抚观众情绪很重要。

话术：××小姐姐，没有不理哦，如果我没有看到你的问题请多刷几遍哈，我看看你提的什么问题。

问题（5）：××号怎么优惠。

分析：这样的观众比较懒，但已经有了购买意图，需要耐心解答

话术：具体介绍优惠并演示下单过程。问题

（6）：主播多大？

分析：观众出于好奇心，但是主播需要保持一定的神秘感，遇到不好或者不想回答的问题可以风趣回避。

话术：可以猜猜看，猜对了给福利。

问题（7）：××号和××号哪个更好看？

分析：女人都是纠结体，你需要明确告诉观众，哪个宝贝适合什么样的人。

话术：××号宝贝适合××样的人，另一个适合××。你可以告诉我你是哪个类型哟。

问题（8）：你有××产品吗？

分析：这样的观众比较懒，不爱看购物车。

话术：小姐姐可以点开左下角购物车，××号和××号都是你需要的哟。看中哪个可以告诉主播，我给你看细节。

问题（9）：有秒杀吗？有抽奖吗？

分析：贪小便宜的观众是直播间常客。

话术：告诉他秒杀活动的方式和时间。并且说先关注主播，我们每天都会有福利。

问题（10）：怎么购买最优惠？

分析：观众已经准备购买了。

话术：××小姐姐来跟着主播一起操作，直接演示下单过程。

三、互动技巧

1. 淘宝直播怎么互动？

（1）如果条件允许就每天做淘宝直播，你可以开启日常直播，和观众唱唱歌、唠唠嗑、聊化妆、聊搭配，让买家和粉丝参与到直播当中来。还要在你的微信、微博、店铺无线端发布预告，淘宝直播观看的人多了，气氛就嗨起来了。

（2）如果做不到每天8—10小时的狂播，那就要考虑新的策略了，做成节目形式，

固定每周固定某时段直播，这种直播一定要有固定的大主题。这样你的淘宝直播才会有观众愿意观看。

（3）每次淘宝直播后，主播把直播中好玩有趣的内容和商品可以在微淘、社区里二次沉淀，让买家和粉丝们关注微淘、参与微淘互动。平时也要记得在淘宝直播里给用户送送福利、发发红包、秒个商品等。

2. 淘宝直播互动方式有哪些?

（1）淘宝直播秒杀。

（2）求点赞、送礼物、发福利。

（3）淘宝直播红包雨。

（4）淘宝直播截屏抽奖。

（5）淘宝直播发起系统抽奖。

（6）淘宝直播发起投票。

淘宝直播互动方式还有很多，这些都需要卖家和主播做好计划，什么时间发一次福利，多少人在线观看就抽奖。淘宝直播自 2016 年 3 月自运营以来，观看直播内容的移动用户超过千万，主播数量超十万人。目前该平台每天直播场次近 1000 场，其中超过一半的观众为 90 后。想要抓住年轻人的心不容易，但是我们还是可以通过一些技巧做好淘宝直播吸引人气。

A. 淘宝直播主题要明确

先确定好直播的主题才能做好淘宝直播，要去分析买家对什么感兴趣，看到什么样的直播主题会点击进来看。淘宝直播主题不要写得太啰嗦也不要太随意。

B. 巧妙利用直播封面吸引人气

一张优秀的淘宝直播封面是会吸引人的，看到美美地直播封面会让买家有点击进入观看的欲望。简单点说淘宝直播封面其实就类似直通车主图，完全是吸引点击量。当然你的直播封面要符合直播主题，不要让观众觉得图文毫无关联、被欺骗，否则会产生不好的印象。

C. 通过淘宝直播与顾客互动

一场直播会有着无数次的互动，这种互动会不断地加深彼此之间的联结。如何产生有趣的互动，可以做一些观看淘宝直播送店铺红包、优惠券以及设计抽奖活动回馈顾客。

D. 不断优化淘宝直播的内容

观察顾客对哪些商品需求大，淘宝直播内容要适当地变换，因为一个东西播的时间太多了粉丝会觉得很无聊，要结合产品和内容做出适当创新。

E. 淘宝直播前做好宣传工作

通过微淘、微博、微信等方式宣传告诉顾客你的直播时间、直播内容，提高曝光度。前期宣传做得好，自然会有人气。所有的事情不是一次就能看到效果的，一次不行就多试几次，不断总结经验总会收获到你想要的。

第十一章　常见的直播电商行业剖析

在如今这个电商盛行的时代，高额的获客成本一直是困扰企业的一大难题：从抢人大战到斥巨资请明星代言，再到节日大促，传统"血本电商"方式使企业面临着巨大的经济压力。直播电商在这样的情况下应运而生，它凭借成本低、转化率高等优势迅速成为各大企业争抢的战场。无直播，不电商，直播电商的诞生，拉开了企业低成本获客时代的帷幕。

第一节　旅游行业直播

对于正处于转型升级关键期的旅游行业而言，直播的出现毫无悬念地成为一种极具变革意味的电商方式。途牛、同程、携程、去哪儿网等在线旅游巨头切入直播的大动作，在整个旅游产业转向网络化的大背景下仅是冰山一角。

直播和旅游的融合，体现出旅游行业这种“轻经济”的形式灵活、与时俱进的一面。直播技术日益成熟，当直播的层次越来越深入地向垂直领域渗透，“旅游＋直播”将作为一种全新的流行推广方式，在未来获得更大的发展。

放眼今日的旅游行业，我们可以看到已有很多企业为了自身的生存和发展，纷纷开始了旅游直播化的尝试，这无疑是网络对线下流行体验真实反馈的进一步升级，而网络直播特有的灵活性也令旅游企业得以持续拓宽电商方面的边界。虽然目前和旅游有关的直播节目在整个旅游行业电商内容中所占的比重仍然不大，但仅凭直播平台所拥有的海量消费群体和多样化的传播方式上，我们就可以看出其巨大的发展潜力。这从下列案例中可以得到印证：

2016 年 8 月，纷享世界和优酷正式确立战略合作关系，未来双方会在直播、旅游等细分市场进行深入合作，由双方共同制作的旅游直播节目已正式上线。

纷享世界实际上是澳达控股集团旗下位于北京的子公司，公司的业务主要专注于定制旅游的网上预订。通过“1＋1”的专业旅行策划，力图建立一个以“深层次体验”与“私人化定制”为中心的针对千家万户的智能化定制旅行平台。结合网络技术，纷享世界能够满足各类家庭在旅行过程中对于景区、机票、美食、演出、车辆等方面的私人定制化需求，并具备旅游产品网上预订“一条龙”支付功能。

纷享世界这次和优酷合作将借助后者的传播效应向全体大众传递休闲度假的意识，让人们在欣赏优质直播节目的过程中发现外界的美好并激发群众对休闲度假的热情，让更多的国人对旅游产生兴趣。在澳达控股集团总裁、纷享世界首席执行官范应龙看来，纷享世界和优酷携手，可以将彼此强大的传播力和专业的运营团队结合起来，在实现资源互通的同时，也能实现优势互补。在直播平台进行旅游推广是澳达控股关于“改变中国人旅游度假观念”愿景的又一次有益探索，双方强强联合可以为群众的外出度假搭建一个更优质、更广阔的自我展示分享平台。

此次合作为优酷方面打造旅游直播节目奠定了坚实的基础，不仅如此，借助纷享世界的高水平服务，优酷还能为观众提供优质的观看体验，有助于增强观众和优酷之间的黏性。此次合作将会产生良好的宣传效应，为纷享世界塑造更好的品牌形象，有助于吸引旅行达人和潜在消费群体的关注。

旅游的价值不应该只停留在“白天看庙，晚上睡觉”的景区当中，光靠门票和景区消费的盈利方式显然不可取，在实地游览中盈利不应成为旅游企业盈利的唯一渠道，这也是当今旅游业界达成的共识。

我们很难想象一家从事旅游业务的企业，一直墨守一种商业模式能够走多远，而直播平台和旅游线路、景区相结合，可以起到惊人的推广电商作用。此外，景区、旅行社等旅游业利益相关方可以利用直播平台多样的内容展现形式，通过直播增加游客对旅游线路的感性认识，进而带动网上销售以实现旅游类企业网上流量变现的新模式。

从上述案例中，我们已经看出了现在已有一部分旅游品牌正在向旅游直播领域积极探索，这种大胆的尝试也为“旅游＋直播”模式的发展树立了榜样。

直播是目前中国传媒市场中最具发展潜力的媒体形式，不仅坐拥时下最先进的视频技术，而且已经出现了对广大网民群体颇具品牌影响力的直播平台。在这些直播平台上，活跃着当今中国最大的潜在消费群体，而旅游产业经过近 40 年的发展，也进入了“旅游大消费”的专业化、深层次转型阶段。旅游业与直播平台的合作是推进前者消费体验升级战略的重要措施。当越来越多的优质旅行资讯集中于直播平台时，直播就将取代传统的平面媒体成为旅游电商的首选，未来已至，大戏刚刚开始。

网络红人所带来的粉丝集聚效应已经随着直播的火爆蔓延到了旅游行业，虽然现在旅游直播刚刚发轫，但未来必将风头无限。不过，作为时下一种全新的旅游电商模式，旅游直播所暴露出的不足也引起了业界的关注，但有一点是毋庸置疑的：旅游直播不会“昙花一现”，而会在不断的探索和试错中逐渐走向成熟。

基于各类企业和品牌商纷纷试水直播电商商业潮流，现在谈到直播，人们的印象早已不再只是形形色色的“网络红人”。旅游和直播共同的休闲属性让二者似乎天生就具备了合作的可能，和传统的电商方式相比，直播电商更容易激发游客的共鸣。相信随着旅行直播越来越多地成为人们关注的焦点，直播也会像当年火热的微博、微信那样，成为旅游行业对外展示旅游产品的一个重要窗口。

中国消费者对旅游产品需求正在持续升级，传统的“价格战”已经不能满足眼光日益挑剔的游客的胃口，设计巧妙的旅游度假路线、优质的酒店和出行服务，将成为消费者选择旅游产品的主导因素。而旅游直播的模式恰好能够让观众感同身受，主播们亲临现场的反馈带给了观众真实的视觉体验；直播的不可剪辑性又让旅游企业在直播中的形象显得更为真实可信。可以说，“靠谱”是观众认可旅游直播的关键因素。

直播帮助旅游业解决了长期以来一直苦恼的如何获得消费者信任的问题。那么，除了真实直观，旅游直播还通过哪些方面促进了旅游业的发展呢，下面我们就结合两个案例进行一番梳理。

一、九寨沟、青城山——都江堰进行世界首场景观直播

2016 年 2 月 28 日，九寨沟、青城山——都江堰进行了世界首场景观直播活动，将景点的绚丽景色以直播方式展现，进而对游览体验方式加以创新。这场景观直播以九寨沟、青城山——都江堰景区的官微作为主要载体，并实时连线 B 站、熊猫 TV、虎牙直播等在线直播平台开展全网同步直播。

这场直播用直播的形式展现景点的美丽，实际上为旅游景点的智能化建设找到了突破口。直播不光为广大观众提供了无需出门就能观赏两个景点初春景观的机会，而且还首次以深层次、多角度的形式展示了即便置身其中也不见得能一睹真容的壮美景色。

直播活动共吸引了超过 18 万名观众在线观看，如花似锦的美景加上新颖的观看模式让两个景区受到了观众的一致好评，观众纷纷在评论区留言，表达自己对景点风光旖旎景色的赞美和对前往景区游玩的向往。

九寨沟、青城山——都江堰两个景区利用直播的方式宣传自然景观的举动是人们景区“走出去”“网络化”的第一步，同时也为更多热爱九寨沟、青城山——都江堰景区的群众提供了一种全新的旅游模式。

如果说九寨沟、青城山——都江堰景区联合开展的直播活动打出了全球景观直播的第一枪，那么龙门石窟专业直播平台的上线则开创了中国景区“慢直播”的先河。

二、国内第一个景区慢直播平台龙门石窟上线

2016 年 7 月 15 日，国内第一家慢直播平台正式登录龙门石窟官网。即日起，不管你身处何地，无须出门、更无须买票，仅需一台手机，你就能够在龙门石窟慢直播平台全天候欣赏龙门石窟景象。

有别于人们印象中短则几十秒，长则数小时的普通直播，慢直播采用的是将高清镜头安置在景区中的重点角落，二十四小时连续放送的长期陪伴式直播。在慢直播平台，“游客”们不必粗枝大叶地观看，唯一要做的就是放松身心，细细品味美景。这大

大方便了那些旅游时间有限却又想深入体验龙门石窟魅力的游客：拿着手机，打开APP你就可以足不出户地欣赏四季龙门的山光秀色。

从实际反馈中也可以看出此次龙门石窟进行慢直播起到的良好效果，本次直播，龙门石窟方面仅开放了龙门桥和西山石窟两处游览区。但在开播的第一个月，已有超过4万人通过慢直播平台欣赏了龙门石窟的风景。根据后台统计，在慢直播全天的直播过程中，在深夜三点还有观众在线观看，由此可见其受欢迎程度。

龙门石窟慢直播平台的开通，在国内旅游景区中还属首例。但是在移动互联网发展的大趋势下，未来直播引领旅游行业宣传新风尚必将成为不可阻挡的潮流。

上述案例中的两个景区虽然身处一南一北两个自然人文差别极大的区域，但在对外宣传中却不约而同地采用了旅游直播的推广方式。事实证明直播平台的接入，确实为这两个景区创造了良好的社会反响和可观的经济利益。旅游的本质在于审美和娱乐，而“旅游＋直播”的电商模式正好抓住了这两个本质：观众在充满代入感的观看过程中，不仅得到了美的享受，还收获了快乐。

“旅游＋直播”的推广模式将两种天生具有强大体验性的娱乐模式结合在了一起，激发了很多潜在旅游客户的好奇心，也为旅游行业的发展带来了新的支撑。从上述两个典型案例中，我们可以发现旅游直播对旅游业的促进作用至少有五个方面。

一、景区旅游宣传更多元

直播具有的草根属性让旅游宣传的门槛大大降低——旅游宣传再也不是景区名人和明星大腕的特权，只要是你热爱旅游、喜欢分享，人人都可以在直播平台上成为景区的“宣传推广大使”。

二、观众了解景区更直观

直播的“实时性”使观众有了宛如身临其境的真实体验，直播过程中不可预测的各种意外会促使观众产生要亲自前往一探究竟的“冲动”。

三、增强观众和旅游企业的黏性

直播的“互动性”让观众和旅行社、景区等旅游企业的直接沟通成为可能，旅游企业可以在直播中表达自己的想法，观众也可以提出建议，这对消除误会，增进游客对景区的感情具有积极作用。

四、提供新型旅游消费服务

“旅游＋直播”不仅是一种新型的电商模式，而且还能衍生出全新的消费体验。景区通过直播卖纪念品、打赏等形式就可以在无须观众亲自到访的情况下实现盈利。

五、消费者反馈更为及时

旅游直播和平面媒体、电视等旅游宣传渠道最显著的区别是，它能更快地让旅游企业得到观众的即时反馈。这不仅有助于旅游企业及时调整电商策略，还能大大提高旅游企业的变现效率。

在互联网飞速发展的今天，网络媒介对人们出行的影响越来越明显，而直播的形式，则能使消费者在欣赏内容的过程中不知不觉地接触到旅游行业的宣传信息，继而产生旅行的愿望。这对于普遍需要自我突破的旅游行业来说无疑是一条值得尝试的途径。

第二节　金融行业直播

一面是越来越多的金融企业积极开拓全新的电商方式，另一面是直播产业愈来愈深层次地向垂直细分领域延展，当双方的努力汇聚于一处，金融直播这种全新的电商方式就诞生了。当直播间的主播从浓妆艳抹的美女变成了正襟危坐的财经专家，直播就开始向更具实质性的方向发展。目前已有一些思维活跃、风格大胆的金融机构为招引客户，开始利用金融直播、网络红人宣传等方式推销金融产品。当金融也参与到了“直播＋”的新游戏中时，直播又能为传统的金融业带来什么新变化呢？

事实上，金融产品的内容自身就具有较强的可直播性，金融与直播结合的历史也比较“久远”，早在专业金融直播平台问世之前，在各类金融主体如券商、财经媒体上就已经出现了少量视频直播节目，电视直播是最普遍的金融直播内容播出途径，例如对于很多股民朋友都耳熟能详的央视财经频道王牌财经直播栏目《交易时间》。而真正让业界认识到网络直播实践也可以和金融完美结合的是中国平安和微吼直播一系列的直播实践。

平安集团作为保险行业最重视产品电商方式创新的企业，一直都对直播这种宣传方式情有独钟。自 2015 年起，平安先是把车险用户见面会、平安用户新产品发布会等活动放在了直播平台进行直播，利用新媒体扩大产品影响力。接着又在 2016 年“818 财经网络红人节”期间，第一次将平安集团的中报业绩发布会以网络红人直播的方式加以呈现，在整个发布会直播的过程中，平安方面邀请到华夏时报总编辑、知名金融专家水皮和人气女主播吴成香搭档做主播，专家和美女的新颖组合吸引了大批观众观看、参与互动。

如果说平安集团是从金融企业的电商需求出发，进行了金融直播的一系列尝试，那么微吼直播则从直播的角度，对金融直播的电商模式进行了专业细化。

作为国内较早出现的专门针对“B端”客户的直播平台，微吼直播同样是金融直播的先行先试者。早在2015年11月，微吼直播就正式发布了“金融直播间”，目的是为金融企业和财经主播提供直播所需的整体技术支撑。作为金融直播服务市场的元老，微吼直播在短短几年时间里就和齐鲁证券、乐视财经、国泰基金、今日财富集团等行业领军企业进行了金融直播方面的合作。在为广大金融企业量身定制直播节目的过程中，微吼的直播业务得到了壮大。很多金融机构更是通过微吼这个专业的直播平台推动了产品的对外电商活动，优化了金融产品的布局。

上述两个案例分别从金融企业的角度和直播企业的角度阐释了金融直播这种金融产品电商的新玩法。事实上，在资本的风口上一飞冲天的直播不仅深受时下年轻男女的喜爱，自带传播优势的直播同样是金融企业眼中的“香饽饽”。对于金融这种专业性极强的行业来说，通过直播进行自身内容更新和产品电商模式变革的大门早已开启。下面将介绍金融直播兴起的原因及潜力。

一、金融直播兴起的原因

金融直播兴盛不仅仅是为直播平台增加了一项直播内容，其产生的影响实际上已经扩展到了企业、客户等所有金融行为的参与者中。

1. 为投资者提供更及时的消息

股票、期货等金融产品的信息随时随地都在变动，所以这些金融细分领域对时效性的要求极高。通过金融直播，世界各地的金融产品投资者都能在第一时间获取自己买入的金融产品的相关信息，直播可以实现财经信息同步性与及时性的完美结合。另外，金融直播还可以在风险即将到来时及时为客户做出预警，从而避免不必要的损失。灵活、及时的操作建议传达效果对瞬息万变的金融市场有着不可忽视的意义。

2. 传播内容的多样化

相较于常见秀场直播单一的呈现功能，金融网络直播可以根据投资者的需求，在实现高清流畅画面的基础上，设计并提供更丰富、更具特色的功能。例如录播回放、K线图演示、在线解答、数据实时汇总、电脑自动生成操作建议等，这样不仅可以使专家的操作建议得到更为及时的支持，提高投资者的操作效率。还能够以清晰直观的视频画面实现线上客户和现场专家的实时沟通，瞬间消除了场内和场外的隔阂，有利于形成一个对金融投资者至关重要的金融情报高效率传达的空间，这一切都离不开直播固有的技术优势。

3. 给财经达人提供个人宣传渠道

金融直播为“财经达人”开辟了一条快速获得追随者的通道。不管是一些个人风格鲜明的金融专家，如吴晓波、马光远，或是在某些特定金融领域拥有优秀业绩和独到见解的民间投资者，如徐小平、花荣等都可以利用直播进一步增加社会知名度和关注度。利用直播这一新颖、实时、双向的传播方式，任何经验丰富的财经达人都能够和投资者、粉丝实现无缝互动。

从目前的市场反应来看，金融市场已经通过一系列成功的案例对金融直播这种新“玩法”给予高度评价。在线直播不仅能做到金融机构和投资者之间最彻底的沟通，而且还能直观地获得客户的反馈和互动。随着这种玩法的花样更新和不断深入，金融直播必将引领未来金融行业宣传电商的风潮走向。

随着社会整体认知水平的不断提高，很多手有闲钱的人开始意识到了理财的重要性，但由于相关财经知识的欠缺，再加上对变幻莫测的金融市场不甚了解，很多本来有理财想法的人最终只能面对着金融市场望而却步，最终打了退堂鼓。在线直播无疑能够改变这种无奈，直播所具备的实时性和互动性，消除了金融机构和投资者之间的信息不对称。

在直播中，投资者在充分了解金融产品的基础上对金融投资能够做到心里有数。与此同时，各类金融企业利用移动直播，特别是专家直播，可以吸引到更多的投资者，增加自己的用户规模。可以说，无论是从企业的角度还是从投资者的角度看，金融直播无疑都具有极大的发展潜力。

西装革履、不苟言笑的金融界和热闹非凡的直播圈看似是毫不相关的两个领域。但当平日里只能在财经媒体和网站上才能看见的财经大咖出现在直播间，并正儿八经地为投资者提供金融服务时，金融直播便具备了其存在的合理性。

二、金融直播潜力巨大

未来的金融直播绝对不会止步于目前在金融电商市场中的这一亩三分地，在内在逻辑的促使下，“金融＋直播”还会继续向着多维度、深层次的方向全面发展。

金融直播的前景之所以如此巨大，原因主要有四点。

1. 直播能传递给投资者最直观的信息

从人的本能角度来看，人们天生对看得见、够得着的具体事物抱有信任；对于一些高级的、复杂的、抽象的事物，如果没有一个具体的物件做载体，那就很难获得真正的认知，更不能轻易信任。而金融恰恰是一种比较抽象的、难以具体描述的东西，所以长期以来人们对金融行业往往是一知半解，很难知悉全貌。这也阻碍了金融产品的销售。

金融直播作为现在最接近面对面沟通的互动方式，首先可以在感性上带给投资者极大的安全感。同时还能使投资者和金融专业人士得以更深入地交流。在直播间中，所有人都可以畅所欲言、各抒己见，在讨论中任何一方都能够便捷地获取自己想要的内容。

不仅如此，直播的直观性使观众对金融企业的现状一览无余，这样可以让一部分优秀的企业获得投资者的支持和信任，有助于整个行业的优胜劣汰。

2. 普惠金融的趋势

从现在人们的日常生活就可以看出，金融行业已经成为和每个人都息息相关的东西，人们需要通过保险、银行等金融企业的服务增加自己生活的福祉。

“金融＋直播”的模式打破了关键金融信息只在专家和机构、大户等专业投资人之间流通的状态，使普通人也获得了深入学习金融专业知识、了解最新市场动态的机会。这不但使金融产品在“草根群体”中推广成为可能，更为强化大众的理财意识、增加金融产品潜在的用户提供了契机。

3. 金融和其他行业关联度的提高

如今金融和其他各行各业的联系日益紧密。例如现在很多车主在购买车险时，只需打个电话而无须亲临保险公司的营业厅就可以购买车险，此时金融和电信就产生了关联。现代人高度依赖的互联网同样是金融行业进行跨领域电商的重点，而直播正是当今互联网的最前沿之一。因此，在网上银行、P2P 等金融互联网模式相继兴起之后，金融直播的产生也就成了顺理成章的事。

同时，金融直播可以借助直播这种传播形式固有的娱乐性、互动性等特点，将本身枯燥乏味的金融知识变得趣味化。因此金融直播相较于传统的金融产品电商模式更能激发观众对金融产品的兴趣。从这个角度来说，金融和互联网直播相结合可谓是珠联璧合

4. 直播有助于金融机构轻装上阵

金融直播的出现，不仅为实体金融机构和互联网金融企业提供了一条全新的产品电商重要途径，更在一定范围内促进了广大金融机构的转型。在很多业内人士看来，“金融＋直播”的模式不仅有效避免了过去分析师、研究者只能从个人角度单方面发表

研报的片面性，还解决了发布时间延迟的弊端。金融直播可以让金融机构的发布主体更为靠前，同时减少了很多不必要的宣传环节，在对电商部门进行合理瘦身的同时，更有利于金融机构把更多的精力投入吸引用户的工作中。

从晦涩难懂到通俗易懂，从高高在上到平易近人，直播让原本只有所谓专业人士才能“玩得转”的金融产品一下子拥有了广泛的群众基础。这不仅是金融知识普及化的市场需要，还顺应了直播的发展趋势。在早期“萝莉”“御姐”火遍整个直播秀场之后，直播的卖点必将向知识型网络红人方向转移。

第三节　餐饮行业直播

随着现代人的生活越来越多地趋向于线上化，餐饮行业电商也从线下转移到了线上。例如近几年逐渐火爆起来的在线外卖、在线零食行业，但是这些新型的网络餐饮业态并不能杜绝实体餐饮业存在的问题。地沟油、黑作坊、乱用添加剂等行业隐忧在网络时代的餐饮业中仍然存在。这时，更加透明更为公开的餐饮电商宣传方式——餐饮直播便应运而生。它在解决行业内不确定性问题的同时，也让餐饮这个传统的行业重新焕发出生机。

2016 年 6 月 15 日晚，张天一开通了伏牛堂官方推出的首档直播美食栏目：“做粉吧，喵星人”。令人感到好奇的是，虽然这个直播号称“栏目”，但却没有专业的摄影师、舞台、灯光、统筹等，而是在经过简单的布景后，全部采用直播秀的形式在直播平台上进行直接呈现。

该栏目的内容主要是张天一教伏牛堂的一只猫制作湖南牛肉粉。这只猫的来头也不小，它是“伏牛堂办公室主任”沈万三。在整个直播过程中，一边充斥着张天一的宣传推广词，一边充斥着猫咪沈万三无可奈何的叫声。

这场直播在网上取得了极大的反响，临近结束时，这场直播已累计获得将近八十万人次的观看总量，九千多元的打赏总额，以及新浪微博中关于“做粉吧，喵星人”超过六百万的浏览量。不仅如此，“伏牛堂办公室主任”猫咪沈万三还一度登上了微博萌宠榜冠军宝座。

线上的热度直接带动了线下的销售，经过 2 小时的卖力推广再加上萌宠的助阵，伏牛堂当晚就取得了三千盒米粉的销量。考虑到伏牛堂在此次直播活动中的投入并不高却取得了惊人的流量变现，张天一对这场直播的效果总体上还是极为满意的。

张天一的这场直播活动，是餐饮行业对餐饮直播这种全新电商模式的有益尝试，它不仅从微观上为餐饮企业的产品销量带来了极大的提升，更从宏观上证明了直播是餐饮行业未来发展的大趋势。

一、餐饮业直播的意义

实际上，餐饮直播对于广大餐饮企业的意义和价值远远不是增加产品的销售额那么简单，从理论上说，直播平台在餐饮企业电商过程中所起的作用至少体现在四个方面。

1. 加快电商信息的传播

通过短时间且集中的线上直播，把餐饮人或者餐饮品牌推荐出去，比其他传统电商形式更快捷直接且反馈迅速。消费者无须亲自到店了解，只需在手机或电脑上进入餐饮企业的直播间就可以轻松获取企业的活动内容。技术的进步大幅缩短了信息传递的过程，这能让餐饮企业的电商信息更及时地传达给消费者。

2. 扩大宣传受众规模

和散发传单、门店广播等传统的电商推广方式相比，餐饮直播电商能在极短的时间里聚集更多的潜在消费者，这些潜在消费者不仅包括了解店家的回头客，还包括只闻店名但从未实际体验过的人，甚至包括其他城市的观众。这样一来就扩大了宣传的范围，不但能提高餐饮企业的知名度，而且还能帮助餐饮企业招徕更多的食客。

3. 及时获得消费者反馈

在以往的电商方式中，餐饮企业往往只能听到自己的吆喝声，却很难获得消费者的真实反馈。盲人摸象式的电商既浪费资源，又无法直击人心。而直播电商具有双向互动性。这不但能让餐饮企业随时获得最直观的反馈，便于自己对电商方式及时查缺补漏；而且还能从消费者那里获得更多有价值的信息，让企业的经营改善从电商一个方面扩展到生产、人事等更多方面。

4. 优化企业电商模式

直播电商模式的加入可以让餐饮企业的宣传推广模式更为科学。一方面，直播电商的加入，增加了一条餐饮企业对外宣传的渠道，这可以避免企业在电商模式上的单一性，防止企业后期因某一种宣传手段失效而导致业绩下滑。另一方面，直播电商所具备的直观性和网络性能够大大简化电商过程的中间环节，使餐饮企业得以在电商中摒弃一些多余的步骤，这样不仅能大大降低企业的电商成本，同时也间接地提高了企业的运行效率。

毫无疑问，直播正在成为餐饮行业争夺用户流量的新接口。同时，消费者对餐饮的消费需求也从过去的只图吃饱吃好，慢慢提高到了自我展示、文化等更高的层次，而帮助消费者获得这些更高层次的消费体验，同样离不开直播这种先进的传播形式。

直播电商模式在餐饮业的实践，代表了餐饮企业敢于拥抱新科技的进取态度。一部分餐饮企业通过对餐饮直播的尝试，运用成本较低的新科技，主动迎合消费者特别是年轻消费者的生活态度和消费理念，最终都取得了良好的成效。虽然现在的餐饮直播方式还略显单一，实际直播效果还略显生涩，但是在不可阻挡的“直播＋”浪潮的洗礼下，今后的餐饮直播一定会有更为光明的前途。

常言道，知易行难。直播电商虽然具有直观、时效性强、互动性高等优点，但想在实际操作中真正将这些优势充分地发挥出来，仍然不是件轻松的事情。因为餐饮直播这种电商方式目前还处于探索阶段，在行业内部还没有形成一套完整、清晰、科学、成熟的电商模式。一旦相关餐饮企业在直播过程中把握不好各种因素，轻则无法吸引到足够的观众，重则会引起观众的反感。因此，餐饮企业不能把直播这种形式等同于简单的“自拍做广告”，而应当时刻注意对重要环节的优化。

二、餐饮业直播电商需要注意的三个关键点

外形养眼的帅哥美女和富丽堂皇的现场环境对于餐饮直播这种专业性极强的电商活动来说仅仅是表象，餐饮企业要想在全民直播的风口期成功实现直播入局，就应当注意对以下三个关键点的把握。

1. 产品

餐饮直播电商的本质是通过直播这种全新的宣传媒介，向外界推广餐饮企业的产品。推广产品既是企业进行直播电商的出发点，同时也是落脚点。因此，各大餐饮企业在开展直播电商的过程中应当始终围绕产品这个核心做文章，直播前的宣传造势是为了提高产品的知名度，直播中的各个环节设置和互动安排是为了将产品的卖点直观地展示给观众，直播结束后对直播过程的总结更是为了评估直播对产品销售的作用。因此，广大餐饮企业在直播过程中应当时刻注意将产品推广放在首位，不能让与宣传产品无关的内容过多地占用直播时间。

2017 年 1 月 7 日晚，深圳餐饮界餐饮品牌谭厨小菜首席执行官谭子滔出现在了热门网络直播平台“花椒直播”的专属直播间中，和谭厨小菜的消费者进行了将近 2 小时的坦诚交流。本次直播谈论的内容涉及谭厨小菜的镇店之宝——菊花宴、谭厨小菜

的新品以及未来新店的开张计划等内容，谭子滔还力邀在深圳本地颇具名气的美女主播 Rita 在直播间和观众热情互动。最终，这场直播活动吸引了超过 3 万名观众观看。谭厨小菜在直播活动中始终围绕着企业的产品做文章，不但将菊花宴的卖点完整地展示给了观众，而且向观众公开了企业新菜品的推广计划：不但将企业的实力直观地展示给了观众，而且还为潜在的消费者提供了就餐指引。这样专业的直播活动始终不离宣传产品的本质，取得预期效果也是在情理之中的事。

2. 可感的内容

和传统秀场直播的唱歌、跳舞等内容不同，餐饮直播的内容主要就是“吃”。但是唱歌跳舞的感染力只需通过画面和声音即可较好地呈现，而美味菜品的味道则不能通过屏幕和音响传递给消费者。

这就需要广大餐饮企业在直播过程中加入更为丰富可感的内容，一方面不能一味地展示品尝食物的过程，应当让主播时不时地通过语言描述、现场演示来展现产品的卖点；另一方面，餐饮企业可以在直播中适当增加一些歌舞类、语言类的节目，这样既显得宣传活动不那么刻意，更容易让观众接受，同时还能丰富节目的内涵，防止单一的直播形式引起观众的心理疲劳。

3. 企业定位

每个餐饮企业都对自身品牌和产品有独特的定位，因此企业的直播电商活动设计也需要和每家餐饮企业的自我定位相适应。例如：咖啡店可以通过名人讲故事的方式宣传自己优雅闲适的小资形象，快餐店可以通过与美女主播互动的形式展示自己时尚前卫的年轻风格。只有主播的人选、直播的内容和餐饮品牌的调性相符，餐饮企业才能真正确立在消费者心中的良好形象，而不合时宜的直播会让观众产生不伦不类的感觉，最终会让企业直播的宣传效果大打折扣。

诚然，直播的内容经过多年的发展，早已摆脱了单纯靠美女秀场来吸引眼球的局限。今天你如果打开直播，不仅能够欣赏到美妙的才艺展示，而且还能看到更多关于人们衣、食、住、行等方面的内容。但是直播内容的多样化并不等同于直播电商的简单化。餐饮企业尤其是那些电商预算比较有限的餐饮企业开展直播电商，本质上是为了实现弯道超车，通过直播这种新的媒介向观众展示自己不同于以往、不同于其他品牌的特别之处。但是直播有直播自身的特点和规律，一味地追求话题效应而忽视了对直播关键要素的把握，只会适得其反，得不偿失。

直播内容的大众化、平民化给广大餐饮企业带来了新的宣传契机，一些餐饮企业在直播电商中取得成功的背后，不仅有这些企业管理层敢于尝试的勇气，而且还有不少电商策划人员善于把握关键要点的细心。

俗话说："食色，性也。"诱人的美食和养眼的美女自古以来就是人们的天然追求。餐饮直播正好将这两个极具吸引力的因素结合在了一起，愈加引人入胜，从这个意义上讲，直播和餐饮似乎具有天生的可结合性。但是要想完美地结合，合适的主播人选和较强的吸引力二者缺一不可。只有将人和事的因素全部处理好，餐饮企业在实际操作中才能避免失误，防止"跑偏"，餐饮直播才能发挥出巨大的电商推广作用。

第四节　教育行业直播

教育和直播可谓渊源匪浅，直播技术在2009年已开始被邢帅教育应用于职业教育领域。"教育＋直播"在之后也有所发展。只是其发展并非一帆风顺，其他"直播＋"模式纷纷后来居上，使得"教育＋直播"行业无论在公司估值还是用户接受度等方面均被"后浪"们远远甩在后面。

在网络直播的爆发元年2016年，沉睡已久的在线教育也被直播的光芒惊醒，"教育＋直播"模式也随之兴起。虽然它仍然处于发展的初期，各方面都有待成熟完善，但这为陷入困局已久的在线教育带来了一线生机。在线教育已经处于"教育＋直播"的风口，教育直播变现的大幕已被拉开。

一、教育直播变现兴起的原因

1. 资本争夺战催生教育直播变现

融资成功的关键是投资者对创业公司的项目有信心，也就是说该项目有盈利的前景，否则，融资很难成功。下面来看一组数据：

清科私募通统计数据显示，2016年上半年，全国在线教育融资总额仅4.68亿美元，比2015年同期融资总额有很大下降，下降率达45.89％。通过互联网教育研究院报告可知，目前所有中国在线教育企业中的70％都在亏损中维持。

数据显示，在线教育已经进入了资本的冬天，主要原因就是在线教育行业迟迟无法实现盈利。这意味着在线教育的商业模式打开方式不对，急需改变。如何解决这个问题？只有努力改变这种商业模式，才能增加在线教育行业的利润。

作为"娱乐圈最懂教育的人，教育界最懂互联网的人"，疯狂老师教育平台的创始人张浩于在线教育的直播风口下，提出了著名的“南北坡理论”：互联网公司与直播的联系更密切，这使其“近水楼台先得月”，处于在线教育创业的南坡，他们主打工具类型产品切入；传统培训机构则处于在线教育创业的北坡，主要在O2O领域探索。但无论从哪里开始，终会在辅导环节找到共同点。

以前的在线教育软件使用情况表明，工具类型产品和O2O领域的尝试都无法触及用户的消费痛点。在线辅导的方式好像很传统，却可能是最直接的变现切入点。

作业帮联合创始人陈恭明就认为，直播是在线教育辅导的发展大方向，在线教育的盈利点，很大程度上要依赖传统线下教育的变现模式。已经知道课外的补习班等辅导是线下变现最直接的途径，直播辅导自然也成为最有前景的在线教育变现方式。而且，在线直播教育与以往的录播教育相比，更能促进师生互动，使老师能为学生提供更好、更适合学生需要的帮助。

2. 互联网技术的进步促进教育直播变现

日益进步的互联网技术也为直播教育变现提供了方便。在互联网技术进步的情况下，直播的成本不断降低，这成为吸引创业公司投资在线直播教育的关键。以新东方这类传统的线下教育培训机构为例，他们传统的教育培训方式需要很大的物理空间，随着一、二线城市房租的不断上涨，他们的房租压力越来越大。线上直播教育能很好地解决这个问题，它大大节省了教育的物理空间。虽然这样会导致客户单价会有所下降，但是省下的房租资金会有所弥补。

二、教育直播变现的方式

教育直播变现的具体方式有哪些呢？从目前来看主要有两种。

1. 售卖课程

售卖课程就是用户要学习什么课程，首先通过线上支付购买听取这些直播课程的权利，然后根据课程时间安排，通过直播听取课程。

这是目前为止线上直播教育最主要、最稳定的变现方式，也是线下教育培训的主要付费方式。这种售卖直播课程的方式比较符合用户的习惯，因此比较稳定。在线直播需要技术上的支持，这些都需要付出很多精力和很大的心血，充足稳定的资金则是其保证。

2. 打赏

这是随着直播教育的出现而衍生的付费方式，为线上直播教育所独有，具体是指在教育平台开设打赏功能，在培训老师讲授课程时，用户可以根据自己的学习情况，按自己心意打赏给老师钱。

打赏不同于售卖课程的硬性付费方式，它是用户个人行为，不是硬性规定。它是用户对授课老师的一种欣赏，是对老师授课水平的肯定，也是二者在直播教育过程中的一种互动方式。邢帅教育于 2016 年 6 月开设了打赏功能，成为业内第一家试水企业。

打赏功能的设置是有条件的，它只适用于大班直播教育，一对一直播或一对几的小班教育是不适用的。而且，打赏更适合网络红人老师。

除了以上两种变现方式，在线直播教育的变现方式还包括周边教辅资料的销售等。但总体来说，主体是销售课程变现，辅助是打赏等变现方式。

在线直播教育技术有助于教育产业的发展，也为传统的教育事业带来了便利，甚至可以说是福利。跨时空强互动、因材施教、优质资源共享。这些因素共同推动

了教育大数据时代的到来，进而建立起良好的教育生态系统，有利于促进教育公平，使教育均衡发展。

第五节　电竞行业直播

2019 年 8 月发布的《2019 年中国电子竞技产业报告（直播篇）》显示，2019 年电竞直播收入将突破 100 亿元。2018 年，中国电竞直播市场收入比 2017 年增长了 109.7%，预计 2019 年仍保持 40.59%的增长率高速增长。

面对如此快速增长的市场，实力雄厚的大型企业开始自己举办电竞赛事，小企业则在电竞赛事上做广告，甚至传统媒体也开始参与这一盛事，纷纷制作电竞联赛，电竞行业瞬间变得热闹非凡。

在中国，投资电竞行业一直没有形成规模。除了与电脑外设相关的企业之外，几乎很少有人进入这个与主流价值观不相符的尴尬领域。但是近年来，随着电竞行业的逐渐火爆，越来越多的商家纷纷将目光投向这一领域，寻找投资和合作机会。

说起电竞行业在中国兴盛的原因，就不得不提及其背后的重要推手——直播技术。

在过去很长一段时间里，中国电竞行业由于缺乏有效的传播渠道以及稳定的盈利模式，没能形成自身健全的产业链。而另一方面，一直集中于俊男美女，唱歌跳舞之类“秀场”模式的直播也急需寻找全新的模式打破当前的发展困境。在这样的情况下，

电竞游戏和直播二者一拍即合：直播的出现极大地扩充了电竞游戏传播渠道这一重要环节，而电竞游戏也使得直播形式更为丰富，为直播提供了更多变现的可能。促使两者迅速结合的契机发生在 2014 年，美国的一家游戏视频网站 Twitch 被亚马逊以 9.7 亿美元收购。消息传来，国内的投资者敏锐地察觉到游戏直播网站巨大的商业价值。直播平台纷纷转型，增加了大量电竞相关内容。

随着传播渠道的拓宽，电竞行业重新回到了大众的视线之中，精彩的赛事以及高额的奖金使电竞行业逐渐成为舆论的焦点，越来越高的关注度使电竞行业巨大的商业价值逐渐显现出来。直播与电竞行业相互成就彼此。

两个新锐行业的结合弥补了彼此的短板，发挥了彼此的优势，产生了近几年最火爆的商业模式——电竞直播。现在已经有越来越多的企业想要通过电竞直播走入日渐壮大的电竞玩家群体。

目前为止，电竞直播的主要内容是各大电竞赛事，而在线直播是电竞赛事传播的主要方式。因此为了获得巨量曝光，企业纷纷投入到赛事相关环节的赞助活动。在电竞玩家的眼里，现在的电竞赛事与以前相比，已经不完全一样了。如果足够细心的话我们会在职业战队的队服上，赛事解说台上的饮料上，各大赛事贴片广告甚至电竞赛事的名称上找到赞助商的影子。

当前，电竞赛事中最主流的赞助商仍然集中在外设、直播平台等领域。显卡和显示器等 PC 硬件厂商是电竞行业最早的赞助商，他们的方式很简单，找到最优的战队和选手，为自己的产品做最好的宣传。直播平台赞助主要集中在战队上，比如斗鱼赞助 LGD（全称 LGD-GAMING，成立于 2009 年，是中国老牌职业电子竞技俱乐部，也是目前国内最资深的俱乐部之一）和 Celestial（《炉石传说》项目的电子竞技战队，战队创始人是小鱼鱼大仙人），虎牙赞助 LCK（韩国赛区最高级的 LOL 英雄联盟比赛）战队。

随着直播平台流量趋于平稳，平台的媒体属性凸显，它们已经不再依靠战队的名气来为平台引流，而转为对转播权的争夺。还有极少数赞助商来自电竞行业衍生品。其中包括以下几大电竞椅品牌：傲风，迪瑞克斯，阿拉丁，它们赞助过许多职业俱乐部，赛事发布会，电竞庆典活动等。在各式电竞活动直播期间，带有赞助商标识的选手，俱乐部将会在强大的曝光量下，为企业的品牌宣传和产品销售发挥重要的作用。

业内人士普遍认为，电竞行业成熟的重要标志是，有越来越多的传统品牌愿意涉足这一领域，借助电竞直播获得更多的曝光量和销售额。事实上，已经有一些原本默默无名的企业因为赞助电竞行业打开了知名度。

最著名的案例当属LGD战队，2009年，当时名为FTD的他们与贵州老干爹食品公司达成合作，战队更名为LGD。随着LGD在各大赛事中的出色表现，老干爹的品牌也广泛传播。

“老干爹”因为赞助电竞战队而名扬四海，如果没有在电竞行业的投资赞助，至今这个品牌还无法摆脱山寨品牌的刻板印象。

近年来一些大型电竞游戏已经开始与传统行业大品牌展开合作，这也从另一方面说明，电竞行业的商业价值已经得到了传统行业的广泛认可。以最火爆的为例，LOL（《英雄联盟》的简称）已经建立起比较完善的联赛体制和俱乐部文化。游戏的活跃用户突破一亿人，另外直播渠道众多，除了官方渠道，全网各大平台均有转播。LOL在电竞行业和直播行业巨大的影响力获得了国际快消品巨头的青睐。

2015年，在《英雄联盟》四周年庆典直播中，《英雄联盟》宣布与肯德基深度合作，合作内容包括《英雄联盟》主题套餐，欢聚英雄桶以及肯德基线下主题店等。一时间，吃主题套餐赠闪卡活动成为大量LOL玩家的日常话题。此次合作的效果也十分显著，100万份闪卡在10天之内售罄。该案例由此获得亚洲实效电商奖白金大奖，成为电竞行业与传统行业跨界电商最成功的案例之一。

此外，一些传统体育项目的赞助商，比如一直赞助NBA的雪碧也向《英雄联盟》抛来了橄榄枝。

2016年5月，《英雄联盟》宣布与雪碧深度合作，在其发布会的直播中，雪碧宣布不仅赞助包括MSI季中邀请赛，每年赛季中期举办的国际顶级赛事）、LPL，《英雄联盟》职业联赛，中国大陆最高级别的《英雄联盟》职业比赛，是中国大陆赛区通往每年季中邀请赛和全球总决赛的唯一渠道）、LSPL《英雄联盟》甲级联赛，是通往LPL的唯一渠道）、《英雄联盟》城际英雄争霸赛（《英雄联盟》官方举办的年度大型线下赛事）、《英雄联盟》高校联赛（《英雄联盟》官方主办的针对高校学子的校园专属赛事，共覆盖27个省、超过1500所高校）在内的LOL系列电竞赛事，还投资推出主题包装、户外广告、电视广告、线下活动等，作为回报，雪碧可以制作10亿瓶《英雄联盟》主题产品。

除了国际著名品牌，一些有先见之明的国内企业早已经开始在电竞行业的赞助商中崭露头角，其中最著名的当数同福碗粥。这家名不见经传的企业早在2011年成立了同福电竞俱乐部，并聚集了国内知名的DOTA（《魔兽争霸》官方认可的多人在线竞技模式）选手，成为目前国内知名的职业战队，曾在2012年WCG（世界电子竞技大赛）获得DOTA世界总冠军。随着俱乐部知名度的提升，不论是DOTA游戏粉丝中逐渐流行的“同福一碗粥，人间有真情”，还是炉石传说玩家的“同福爆破”都绵绵不绝地传递着同福碗粥企业品牌的影响力。

总而言之，电竞行业中充满了商机，已经有很多企业尝到了合作的甜头。一个有野心的企业应该勇于抓住机会，借助电竞直播的机会，扩大自身的影响力，获得良好的商业效益。电竞直播的到来，为企业开启了一个低成本获客的新渠道。

伴随着直播技术的不断发展，电竞直播已经受到越来越多观众的关注，在凸显巨大商业价值的同时，也让不少企业的电商部门跃跃欲试，那么怎样通过电竞直播切入电竞玩家这个巨大的群体？什么样的活动能够更直接地接触到他们？企业应该从哪里入手开展直播电商的行动呢？下面，我们就一起来认识一下电竞直播电商的一些主要途径。

通常情况下，企业参与电竞直播的途径主要有三种，分别是赛事举办方、俱乐部或战队，以及跟主播合作。

一、跟赛事举办方合作

电竞赛事是电竞行业最核心的环节，是包括电竞直播在内的所有环节流量的主要来源。2015 年电竞赛事的市场规模达到 20.7 亿元，占整个产业市场的 1.2%。长期以来，举办电竞赛事由于投入多，收益少，未能获得较大规模的发展。

著名的 WCA 赛事（世界电子竞技大赛）在 2014 年启动时，前期筹备时间超过两个月，其间的宣传推广费占总成本的三分之一。赛事开始刚过 4 天已经花费 7000 万元。

2015 年，WCA 设置的奖金池高达 1 亿元，占总成本的一半。受到当时电竞赛事传播渠道的限制，除了门票，商业赞助、赛事转播以及周边的收入基本没有。

随着传播渠道的健全，现在的电竞赛事在规模和数量上都有大幅度的改善。越来越多的企业开展了大量的第三方赛事，国内的电竞赛事逐渐形成了完整的赛事体系。随着电竞赛事影响力不断扩大，观众的付费意愿也不断提高，他们关于赛事众筹、赛事门票以及赛事周边的付费意愿在 2015 年提升了 89%，这预示着电竞赛事的商业价值还有巨大的潜力。

尤其是 2015 年以来，逐渐涌现出的企业主办的电竞赛事，因其门槛较低，以及平民化的特点，使赛事的影响力迅速扩大，赛事的商业价值获得广泛认可。据业内人士预测，到 2020 年，电竞赛事将达到 120 亿元的市场规模，复合增长率为 42%。当前，已经有一些企业根据自身的行业影响力与相应规模的电竞赛事深度合作，以期借赛事直播的东风，在未来电竞市场占有一席之地。

2016 年 5 月 21 日，乐视体育宣布冠名电竞赛事 WCA，并发布其电竞战略，通过产业化和商业化路径，布局电竞人才教育和电竞生态服务。乐视体育与电竞赛事的资源互补将会给双方带来更多深度合作的机会。

2017 年 1 月，招商银行独家冠名温州市首届电竞联赛总决赛。在活动现场，招商银行发行了温州电竞协会联名卡，为电竞玩家和协会会员带来特殊福利。

瑞虎 3X 冠名 NEST2016，瑞虎看重的是 NEST 是年轻人最喜爱的电竞赛事之一，电竞赛事的直观互动性、时尚潮流特性与瑞虎倡导的“玩车”概念不谋而合。通过合作，提升瑞虎在电竞玩家中的品牌影响力。

二、跟俱乐部或战队合作

电竞俱乐部的数量从侧面反映出电竞行业的火爆程度。2010 年，国内的电竞俱乐部只有 30 多家，当时的俱乐部运营对赞助商的依赖性很强，赞助商撤资可能导致整个俱乐部解散。到 2015 年大大小小的俱乐部已有 1000 多家。其中几家顶级俱乐部每年花费上千万维持日常运营。大部分俱乐部的主要收入来源于赞助商以及赛事奖金，少量来源于官方店铺收入，直播收入，商业活动出场费。

虽然由于支出巨大，目前大多数俱乐部尚未盈利。但是随着电竞行业生存环境的好转，俱乐部的商业价值已经渐渐被认可。现在的俱乐部已经参照传统体育项目的做法形成了良好的投资方退出机制，解决了俱乐部长期依赖某个赞助商的问题，为俱乐部的发展提供了稳定的支持，使俱乐部变得更加专业化和职业化。现在越来越多的企业开始选择直接赞助俱乐部，比如前文提到的同福和老干爹等，除此之外，许多传统体育企业也纷纷投身其中。

在国内，有很多早期投入电竞俱乐部赞助的企业已经随着俱乐部的火爆变成家喻户晓的大品牌。技嘉是较早参与电竞战队合作的硬件厂商，他们开始赞助的就是职业化开展最早的 WE 战队，当时 WE 战队拥有全球最知名的魔兽战神 SKY。

由于运营理念领先，现在的 WE 已经成为商业道路走得最好的战队，后来加入的 I-RocKs 和金士顿使 WE 的电竞道路越走越宽，现在赞助 WE 的厂商越来越多，而技嘉的商业电商策略也被人奉为楷模。

企业赞助电竞俱乐部优先考虑的是战绩，因此一流俱乐部的赞助费水涨船高，曾经有媒体爆料，电竞俱乐部的冠名费已经高达千万元，商业推广活动费用高达百万。但是由于顶级俱乐部的稀缺，这一情况短期内很难得到改善。

以上两种模式覆盖面广，效果较好，对于提升品牌形象有显著的作用，缺点就是预算较高，时间较长，适合资金比较雄厚的企业。

三、跟知名主播合作

作为电竞行业最主要的传播渠道，直播平台拥有着得天独厚的优质资源——大量的电竞观众。在这些平台上，大部分的流量都来自一些大主播，因此赞助知名主播也是企业的重要选择，坐拥大批粉丝的主播日益成为企业争相合作的对象。

素有“电竞女主播第一人”之称的小苍，曾经做过职业电竞选手，并组建战队，也做过战队管理层，还曾经在电竞媒体从业，可以说是对国内电竞行业了解最全面的女主播之一。作为著名的游戏主播和解说，她参加过包括 WCG，ESWC（电子竞技世界杯）在内的国内外大小赛事的直播，制作出《小苍出品》等解说节目 300 多部，总播放量超过 2 亿人次，为《英雄联盟》在中国的推广做出了很大的贡献。熟练细腻的游戏操作以及优秀的现场解说为她吸引到百万以上的粉丝，小苍也因此成为很多玩家心中的女神。

小苍身上电竞明星的光环为她带来了巨大的商业机遇。2015 年小苍受邀代言《西游伏魔》，cosplay（CostumePlay，利用服装、饰品、道具以及化妆来扮演动漫作品、游戏中的角色）其中的铁扇公主，为游戏吸引了大量的新玩家。

与此同时，小苍身上鲜明的“游戏女生”的标签，吸引了著名 PC 品牌惠普，邀请其为新出品的 ENVY15 锐炬显卡游戏本代言，并将此款游戏笔记本命名为“小苍本”，为惠普的市场宣传赚足了关注度。

同样具有超高人气的主播若风（前职业选手，冠军战队 WE 战队前成员）在退役之后做主播也风生水起，很快成为国内签约费最高的游戏主播。因其游戏操作风格瞬间爆炸且绰号“中路杀神”与游戏的“妖文化”完美融合而在 2015 年受邀成为新游戏《师父有妖气》的第 49 位“特妖代言人”。

在一些著名主播的直播间，如果我们足够细心，会发现很多广告。这已经成为目前直播间比较常见的商业推广模式。这种模式的优点是成本小、门槛低，容易实施，适合一般企业；而缺点是粉丝覆盖面窄，电商效果不如前两种方式明显。

此外，由于游戏直播内容的多样性，企业还可以通过赞助一系列发布会，或者赞助电竞行业日常生活直播节目以及年度的游戏嘉年华活动直播进行产品的销售和品牌建设。无论哪种形式，本质上都是企业获得电竞玩家的转化，从而产生巨大商业价值。需要注意的是，不同的企业需要根据预算和产品特色选择合适的途径开展业务。

第十二章　成功案例解析

他山之石，可以攻玉。在本章，我们对最近几年里一些大名鼎鼎的直播成功人物进行剖析、复盘，给后来者以启发。

第一节　“抖音一哥”罗永浩——厚积薄发

说到罗永浩，就会想到锤子手机，罗永浩的名声无人不知，无人不晓。罗永浩加入抖音并在抖音完成直播首秀后没过多久，网上就掀起了一股讨论罗永浩的直播成绩的热潮，因为他 3 小时直播带货 1.1 亿元，累计观看人数达到 4800 万人，创造了抖音新纪录。

罗永浩首场直播如此成功的主要原因不仅仅是他自身多年人气积累，还有他内容产出和自带标签的优势。

一、人气积累

罗永浩多年的失败与成功造就了他独特的魅力和人气，从“砸冰箱”到“加入新东方”，再到“锤子手机”，罗永浩在不断失败，也在不断开始，甚至有玩笑言论称：老罗干哪行，哪行就会被干没。虽然事业没有成功，却积累了自己的人气标签，真是无心插柳柳成荫。

二、内容和话题

当罗永浩宣布准备电商直播带货时，很多网友都调侃能听到罗老师的相声了，这侧面说明罗永浩本身对于内容和话题有很深的创造力、传播力，这对于一个主播来说确实是一件很厉害的“武器”。

三、标签优势

罗永浩经过多年的沉淀，已经没有曾经的热度了，因此所沉淀下来的粉丝自然也是辨识度最好的铁杆粉丝。这些粉丝大部分都是科技直男，这也给罗永浩带来很深的人群标签。

罗永浩的首播成功即是他实力的体现，也像是一场成功的策划，在老罗宣布进军电商直播带货后没过多久，抖音就与他签约，这不仅仅是因为罗永浩的实力原因，更是抖音需要打造出一个标杆。淘宝有多位知名主播，快手直播有辛巴家族和散打哥，抖音也需要这样一个标杆，这也是罗永浩的一个契机。所以罗永浩的首场直播更像是一场成功的策划，这个策划也能给新晋的直播达人和直播商家一些启示。

直播已经越来越火了，现如今已经不仅仅是一种娱乐的方式，更像是一场电商策划，就像是电商的窗口一样。从罗永浩的直播中可以看出，从一开始的宣布，到后来的预热布局，每一步都是经过深思熟虑的操作，当然这是他们头部主播的操作模式，可能不适合新主播或者新电商商家，但是我们可以从中认识到直播也是需要有策划的，否则效果必定不如意。

电商直播带货都需要一个成长过程，没有一个企业或者个人一开始就能成功，即使第一场成功了，也不能保证后面几场都是成功的。一般电商直播带货的成长模式分为两种：一、是人带货模式成长；二、是货带人模式成长。罗永浩的直播模式就是前者。

人带货模式顾名思义就是通过主播本身自带的人气粉丝来带动直播卖货，这种模式有一个最大的优势就是不需要前期积累，只要策划得当就可以卖起来，而且本身就有人气实力，可以和直播平台洽谈流量扶持和具体签约情况，罗永浩就是这种模式的典型。但是这种模式也有一个常被忽略的严重弊端，就是过于注重主播本身带来的收益，比如签约费、产品坑位费用等等，而忽略了商品本身的核心，因此往往在首场直播中只有人气没有成交。前段时间的明星直播就是典型的反面案例，观看人气很好，但是成交只有寥寥几笔甚至没有，这就是忽略了商品才是直播带货的核心所导致的，因为消费者也不是傻瓜，不会为冤枉价格买单。

新手直播带货前期最应该注意的是定位和坚持，后期要注意策划和产品的核心，这无论对于个人主播还是电商商家主播都是一样的。前期一定要定位好，最好直播一类产品，不要什么产品都播，要播自己熟悉的、有自己话题性的产品。所谓话题性就是要有自己的观点，只有拥有这些才会有直播内容。假如直播都没有内容，这会让粉丝难以判断你的专业性。电商商家直播更不用说，卖的都是自己的产品，播的肯定也是自己的产品，主要就是播的时候要找内容，要找话题，最好是多人互动主播，不要一味的介绍和推销，这样会让直播内容过于单一。更好的方式是选择带有故事性的内容，比如一双鞋子从生产到销售肯定要经历很多人，可以以此来介绍鞋子的内容。后期稳定后一定要维护好产品的核心，很多主播有一定人气后就急于变现，什么产品都播，甚至不考虑产品的性价比，这会导致粉丝失望，消费者不买单。因为直播带货最后还是在货上，货才是一场直播的核心，这和娱乐性直播是不同的，所以越是成熟期，越要维护好每一场直播的内容和产品。

直播带货已经不再是一种趋势了，而是逐渐变成一种常态，这也是目前直播流量变现最直接、最好的方式。随着直播的火热和普及，会有不断的大流量个人或者组织参与加入进来，罗永浩的首场直播就是最好的证明。因此无论是什么平台直播带货，什么方式直播带货，都不能忘记产品才是一场直播的核心，能有多少成交量不仅看主播，更看重产品。

第二节　“招聘一姐”孙凌晓——另辟蹊径

孙凌晓从小就展现出与众不同的个性和聪明才智。从小孙凌晓就喜欢与人交流，并且展现出出色的沟通能力和组织能力。她在学校里也是一名活跃的学生领袖，经常组织各种活动和义工工作。

大学毕业后，孙凌晓选择了人力资源管理方向的工作，因为她对人与人之间的互动和组织的运作方式有着浓厚的兴趣。毕业后，她进入了一家中小型企业，从事招聘工作。起初，她主要使用传统的招聘渠道，如招聘网站和校园招聘活动。然而，她很快意识到，这些传统方式虽然有效，但并不能真正让她发挥出自己的潜力和创造力。

正是在这个时候，孙凌晓发现了微信的潜力。她开始尝试在微信上进行招聘，这在当时还是一个相对新颖的概念。孙凌晓利用她活泼的性格和亲和力，以及丰富的招聘经验，吸引了越来越多的求职者和雇主来找他咨询工作。她不仅仅是在介绍职位和招聘信息，还会分享求职技巧、行业动态和职业发展建议。她的工作很快赢得了一大批人的认可，她们看重的不仅是她提供的信息，更是她那种真诚和热情的态度。

随着社交媒体的发展，孙凌晓转战抖音和快手，将直播待岗作为主要招聘渠道。孙凌晓的工作也逐渐从微信扩展到了抖音和快手等平台。这些平台更加适合年轻人和移动端用户，使得孙凌晓的影响力进一步扩大。她学会了如何利用短视频和直播功能，将招聘信息生动地呈现给观众，同时还能在短短几分钟内传递出深刻的职业见解和人生感悟。她的直播不仅仅局限于传统的招聘，还涉及到职场文化、技能培训和职业规划等方面，为观众提供了更全面的价值。

随着时间的推移，孙凌晓不仅在招聘行业中建立了良好的声誉，还成为了许多求职者和雇主心目中的招聘专家。她的直播不仅帮助求职者找到了理想的工作机会，还为雇主提供了高效的招聘渠道。她的影响力不断扩大，吸引了越来越多的企业和合作伙伴与她进行合作，共同探索直播招聘的新可能性。

除了工作上的成功，孙凌晓还非常注重个人成长和社会责任。她经常参与公益活动，利用自己的影响力和资源帮助更多有需要的人。她在社交媒体上分享自己的人生经历和成长故事，鼓励更多的年轻人勇敢追求自己的梦想，不畏艰难和挑战。

作为一个职业女性，孙凌晓不仅仅是在事业上取得了成功，更是在行业内树立了一个积极向上的榜样。她的故事告诉我们，无论面对多大的挑战，只要拥有激情和坚持，就能够在任何领域中脱颖而出。孙凌晓以她那独特的方式，以及对直播和招聘的热爱，改变了当地地区整个行业的传统认知，成为了值得学习和追随的招聘一姐。

第三节　“运营一姐”刘鑫蕤——坚持不懈

刘鑫蕤，一个在抖音直播带货领域崭露头角的女性，她的成长经历展示了坚持不懈和持续进步的精神。从最初的中控、主播到如今萱芷会集团汽车品类直播间总运营，她用她的努力和才华不断赢得行业的认可与尊重。

刘鑫蕤的职业生涯始于中控和主播岗位。她在这些角色中，通过在抖音平台上的直播带货，迅速积累了一批忠实的粉丝和观众群体。她以其亲和力和专业知识，成功地推广和销售了多种产品，从化妆品到家居用品，都让她在直播带货领域建立了良好的声誉。

然而，刘鑫蕤并未满足于仅仅成为一名优秀的直播带货主播。她意识到要想在竞争激烈的市场中长久立足，需要不断提升自己的专业能力。因此，她开始转向直播间的运营工作。作为一个优秀的运营者，她深入理解直播平台的运作机制，通过数据分析和市场研究，精准把握用户喜好和趋势。她不仅仅关注产品的销售，还注重直播内容的创新和观众互动体验的提升，从而在她负责的直播间中实现了更高的曝光和转化率。

随着经验的积累和技能的提升，刘鑫蕤的职业发展逐步进入了新的阶段。她的卓越表现吸引了萱芷会集团的注意，并升职为该集团汽车品类直播间的总运营。这一职位不仅要求她在直播带货方面有深厚的专业知识和经验，还需要她具备团队管理和战略规划的能力。刘鑫蕤不负众望，通过与团队密切合作，有效地提升了直播间的整体运营效率和业绩水平。

在接手这一岗位后，萱芷会集团汽车类目很快实现了销售额的快速提升，从月销售额 400 万元成功提升了一倍。

刘鑫蕤的成功不仅源于她的努力和才华，更在于她对行业的深刻理解和不断学习的精神。她始终坚信，只有不断进步和创新，才能在竞争激烈的市场中立于不败之地。作为“运营一姐”，刘鑫蕤不仅为自己赢得了荣誉，也成为了年轻职业女性的榜样和鼓舞。她的故事告诉我们，只要坚持不懈，就能在任何领域中获得成功，并为行业的发展贡献力量。